FILOSOFIA
PARA
MORTAIS

DANIEL GOMES DE CARVALHO

FILOSOFIA PARA MORTAIS

HarperCollins

2020

DIRETORA EDITORIAL
Raquel Cozer

GERENTE EDITORIAL
Renata Sturm

EDITORA
Diana Szylit

COPIDESQUE
Letícia Féres

REVISÃO
Beatriz Simões
Laila Guilherme

CAPA
Maikon Nery

PROJETO GRÁFICO E DIAGRAMAÇÃO
Anderson Junqueira

HarperCollins Brasil é uma marca licenciada à Casa dos Livros Editora LTDA.
Rua da Quitanda, 86, sala 218 — Centro
Rio de Janeiro, RJ — CEP 20091-005
Tel.: (21) 3175-1030
www.harpercollins.com.br

*Pregadores se equivocam quando
tentam persuadir as pessoas à fé; fariam
melhor se revelassem a radiância de
sua própria descoberta.*

— JOSEPH CAMPBELL

SUMÁRIO

10 INTRODUÇÃO

Os homens e a mortalidade:
o exemplo da sociedade
Dohrnii
Nossa vida mortal é mesmo
absurda?
A filosofia é um assunto para
mortais!
A salvação dos dohrnienses

1.
26 AMOR E FILOSOFIA

Em vez de filosofar sobre
o amor, não é melhor
simplesmente amar?
O amor é uma reação química?
O amor como sentido da
vida: um projeto mais novo
do que pensamos
O amor platônico
O amor aristotélico e a
ataraxia estoica
O amor kantiano
O amor líquido
Uma pequena conclusão

2.
46 ISTO NÃO É UM
CACHIMBO!

A traição das imagens
Platão e Aristóteles: dualismo
e monismo
A dúvida de Descartes
O ceticismo de David Hume
Os óculos de Kant
Minhas inconclusões

3.
66 OS TUBARÕES PODEM
SER MAUS?

Rousseau e os tubarões
Kant e os tubarões
Spielberg, tubarões e o
inconsciente
Tubarões filósofos e homens
máquinas

4.
78 KANT, DIREITOS
DOS ANIMAIS E
CONSUMO DE CARNE

Um prelúdio necessário:
por que os humanos têm
direitos? Por que somos
iguais?
Devemos comer carne
porque é natural?
Devemos comer carne
porque os outros animais
não são racionais?
Devemos evitar o
sofrimento dos animais?
O que penso e o que faço

5.
100 MAQUIAVEL, HOBBES,
NED STARK E A
GUERRA DOS TRONOS

Um enigma chamado
Maquiavel
Ned Stark: o antimaquiavel
Maquiavel explica a morte
de Ned Stark

Hobbes e *A Guerra dos Tronos*

A Guerra dos Tronos, o zen
e o feminismo

6.
118 **SOBRE A MALDADE
DOS HOMENS DE
BEM, A BANALIDADE
DO MAL E A
PROFUNDIDADE
DO BEM**

Se Deus não existe, tudo é
permitido. Ou será
exatamente o contrário?

Se acredito que tenho a
justiça social e as leis da
história ao meu lado, então
tudo é permitido

O senso do homem comum:
fonte do bem ou raiz
profunda do mal?

Liberdade, responsabilidade
e o objetivo dos regimes
totalitários

Banalidade do bem,
banalidade do ódio

Por que o totalitarismo
é ainda um perigo?

A filosofia nos salvará da
maldade?

7.
140 **TOLKIEN,
HITLER, A RAZÃO
INSTRUMENTAL E *O
SENHOR DOS ANÉIS***

O Senhor dos Anéis e o
pensamento cristão

O Senhor dos Anéis como crítica
ao mundo moderno

O Senhor dos Anéis:
uma revolta contra a
modernidade

8.
152 **VOCÊ TEM FOME
DE QUÊ? ARTE É
FUNDAMENTAL!**

Utopia, felicidade, arte e
beleza: para quê?

Platão, arte e beleza

Aristóteles, arte e beleza

Kant e a arte

O que é o sublime?

Hegel e a arte

Nietzsche e a arte

O que muda com a arte
moderna?

Arte e capitalismo

Conservadores e
progressistas — o lugar da
arte nos dias de hoje

9.
172 **CAMUS, O ABSURDO
E AS LIÇÕES DE *MERLÍ*
E *RICK E MORTY***

O que é o absurdo?

Como nasce o absurdo?

Rick e Morty e o absurdo

Merlí: uma forma bela
de lidar com o absurdo

Afinal, por que vale a pena
viver?

10.
182 ***BREAKING BAD,***
NIETZSCHE E
O ALÉM-HOMEM
Um mundo contra a potência
— heteronomia e má-fé
Uma alma no espelho
Heidegger, o cuidado e a
abertura
Gale, Krazy-8, materialismo
e o princípio da
indeterminação
Nietzsche e Walter White:
o além-homem e o último
homem

11.
196 **FILOSOFIA PARA**
MORTAIS
Pascal e Chris Cornell:
o ser humano como
paradoxo para si mesmo
Quando a morte se tornou
um tabu
O que esperar após a morte?
A direção da vida: um
pensamento sobre o
esgotamento de si

213 **AGRADECIMENTOS**

214 **REFERÊNCIAS**
BIBLIOGRÁFICAS

INTRODUÇÃO

As ciências têm duas extremidades que se tocam. A primeira é a pura ignorância natural em que se acham todos os homens ao nascer. A outra é a extremidade a que chegam as grandes almas, as quais, tendo percorrido tudo o que os homens podem saber, verificam que não sabem nada e se descobrem nessa mesma ignorância de que partiram; mas é uma ignorância sábia, que se conhece. Aqueles que ficam entre as duas e que, saindo da ignorância natural, não puderam alcançar a outra, têm alguma noção dessa ciência suficiente e fazem-se de entendidos. Esses perturbam o mundo e tudo julgam mal.

— BLAISE PASCAL, *PENSAMENTOS*

OS HOMENS E A MORTALIDADE: O EXEMPLO DA SOCIEDADE DOHRNII

Antes de iniciar nossas reflexões, gostaria de propor um rápido exercício imaginativo. Considere por um instante que fomos transportados para uma sociedade do futuro, na qual os seres humanos vivem para sempre. Chamemo-na de Dohrnii — os indivíduos que vivem ali são os dohrnienses. Nesse lugar, a ciência é avançadíssima, não há miséria nem desigualdade. Como não existe a tristeza de perder os entes queridos, os cemitérios tornaram-se museus, lembranças de um mundo que não existe mais. As covas estão repletas de restos mortais que atestam a existência de uma época em que a ciência ainda não garantia a imortalidade. Por ora, todos os habitantes de Dohrnii estão impedidos de ter filhos. Quando descobrirem novos planetas habitáveis — eles sonham —, poderão voltar a se reproduzir.

Nem sempre as coisas foram assim para os dohrnienses. Houve um tempo em que as pessoas morriam, como qualquer um de nós. Nas décadas antes de atingir a imortalidade, a sociedade vivenciou um desenvolvimento tecnológico desenfreado, em um ritmo muito mais acelerado do que em qualquer outra época. Havia comida mais do que suficiente para alimentar a todos, e mesmo a poluição havia sido superada pelo uso de energia limpa, barata e inesgotável. As escolas chegaram a eliminar disciplinas como filosofia, sociologia ou história, e havia apenas o ensino técnico, já que ele seria mais útil para sanar os problemas efetivos da comunidade. Ou pelo menos era o que diziam os governantes daqueles tempos.

Contudo, o avanço da ciência, embora proporcionasse bem-estar físico e social, não os libertava dos incontornáveis medos humanos. O saber técnico não solucionava a tristeza de perder pessoas queridas, de sofrer rejeição por quem mais se ama ou de contrair uma doença incapacitante. O saber técnico não os ensinava sobre o que era certo ou errado, tampouco dizia algo sobre o que esperar após a morte. Por mais que todos os mecanismos de funcionamento do cérebro já estivessem mapeados, ninguém sabia dizer o que era a felicidade. Bem alimentados e saudáveis, os dohrnienses se perguntavam: e agora, o que mais queremos?

Muitos filósofos greco-romanos diziam que a morte, bem como a doença ou certos infortúnios da vida, constitui nosso "destino" — o que, para esses pensadores, não é um roteiro pronto e predeterminado para a nossa existência (ao contrário da concepção que a maioria das pessoas tem sobre isso). Para eles, o destino é tudo o que é inescapável, ou seja, é aquilo de que somos incapazes de nos desviar e que, por isso, precisamos aprender a aceitar com resignação. A morte ou determinadas doenças seriam, nessa perspectiva, nosso destino. **Epicuro de Samos (341-271/270 a.C.),** em sua *Carta sobre a felicidade*, pontuava que esse destino é uma necessidade mais terrível do que todas as ameaças mitológicas, já que não oferece possibilidade alguma de perdão ou redenção. De acordo com pensadores como ele — conhecidos como "epicuristas" —, caberia a nós, portanto, aprender a lidar com o destino para levar uma vida feliz.

Entretanto, em vez de adotar o caminho filosófico grego e aprender a aceitar a morte, a sociedade dohrniense preferiu outra solução: a partir dos estudos sobre águas-vivas imortais, descobriu, cientificamente, uma maneira de fazer o corpo humano se regenerar indefinidamente. Foi assim, então, que os dohrnienses se tornaram imortais: injetando um determinado hormônio nos órgãos. A partir desse momento, eles não precisaram mais lidar com a velhice, com a morte ou com a ameaça de uma doença. Imediatamente, aquela sociedade conheceu uma imensa euforia: ao vencer a finitude que é imposta à humanidade, finalmente a ciência atingira seu ponto máximo. Era a vitória decisiva da técnica sobre a natureza!

Porém, passadas algumas décadas de alegria, os dohrnienses começaram a enfrentar dificuldades. Tudo havia mudado. As pessoas estavam cada vez mais frias e distantes umas das outras. Após um encontro amoroso, ninguém sequer ligava de volta — afinal, pensavam, se havia todo o tempo do mundo, por que assumir compromisso com alguém? Por que se casar se, depois de alguns milhares de anos, inevitavelmente as pessoas se cansariam de seus pares? Com a eternidade em vista, todos os amores, por mais belos que fossem, teriam tempo para se desgastar.

Toda angústia, lembrava o filósofo dinamarquês **Søren Kierkegaard (1813-1855)**, tem origem nos limites impostos pela nossa mortalidade. Nós nos construímos a partir de nossas escolhas, mas, como a morte é uma certeza, as possibilidades de experimentação são sempre limitadas. Uma vez que o tempo na Terra é limitado, toda escolha implica a renúncia de algo. A liberdade de escolha, quando combinada com a impossibilidade de escolher a tudo, estaria na origem do sentimento de ansiedade. A população de Dohrnii não sentia angústia ou ansiedade. Diante do tempo infinito que se abria, não havia a necessidade de fazer escolhas, e tudo poderia ser experimentado.

Em Dohrnii, as pessoas continuavam a brigar, como sempre fizeram. Entretanto, raramente pediam desculpas pelas ofensas aos outros: por que se reconciliar depois de uma discussão, se era possível fazê-lo em qualquer momento depois? Você, pessoa que me lê, poderia pensar que, como ninguém mais nascia ou morria, os ressentimentos e as tristezas se acumulavam e tornavam a vida muito pesada. Mas ocorria exatamente o inverso: como todos viveriam eternamente, todas essas coisas simplesmente não importavam — ninguém pedia desculpas, ninguém se ofendia e ninguém guardava mágoas. Muito pior que o ressentimento e a tristeza, a população de Dohrnii vivia o vazio e a indiferença. Diante do amor e do ódio, os dohrnienses diziam "tanto faz", repetindo a frase de um antigo romance francês que ninguém mais se dava ao trabalho de ler (como não vivemos em Dohrnii, trataremos sobre essa bela história no capítulo 9, "Camus, o absurdo e as lições de *Merlí* e *Rick e Morty*").

Com apatia e indiferença, os dohrnienses levavam a vida eterna. Nós, que vivemos no século XXI, para alguns "o século da ansiedade", podemos sentir certa inveja dessa condição de imortal. Porém, se Dohrnii não conhecia a angústia, tampouco sabia o que era a esperança. Como nos advertia o filósofo holandês **Baruch de Espinosa (1632-1677)**, a esperança só é possível se houver um futuro incerto e indeterminado. Não posso ter esperança se meu destino estiver traçado e eu souber tudo o que acontecerá. Nesse caso, o que me restaria seria a espera ou a resignação, mas nunca a esperança. A esperança e a ansiedade, assim, são irmãs siamesas. Os dohrnienses, diferentemente de nós, tinham todo o tempo pela frente — não há por que temer ou esperar o que, cedo ou tarde, sempre terá tempo de ser consertado. Um futuro eterno é tedioso, desesperadamente tedioso, mas nunca angustiante.

Como não viam necessidade de pedir desculpas ou assumir compromissos, os dohrnienses se tornaram rudes e grosseiros. O perdão, ou o pedido de desculpa, é uma maneira de remediar o passado e nos livrar de sua tirania, para usufruir melhor do futuro. A promessa é uma maneira de assumir, ainda que parcialmente, o controle sobre uma vida futura, que é sempre nebulosa. **Hannah Arendt (1906-1975)** ensina que, sem o perdão, permaneceríamos sempre presos aos atos do passado, dos quais nunca nos recuperaríamos. Da mesma maneira, sem as promessas, estaríamos sempre mergulhados em um oceano de incerteza.

Por conta disso, os dohrnienses não conheciam o perdão ou a promessa. Como, cedo ou tarde, tudo será esquecido ou retornará ao que era antes, não é necessário perdoar. Uma vez que não existe ameaça de morte ou incerteza quanto ao futuro, não é preciso firmar compromissos para que as pessoas se sintam protegidas.

Pense: em sua vida, quanto você depende de promessas e compromissos tácitos, isto é, não explícitos formalmente? Quando você entra em um ônibus ou avião, deposita toda a confiança de que o motorista ou o piloto foi bem treinado, está sóbrio e descansado e vai fazer o trajeto combinado. Quando você aceita ir a um hospital e deixa um médico lhe aplicar uma injeção, há muita confiança envolvida, e não apenas na sua relação com o profissional, mas também na sociedade que criou a instituição hospitalar, bem como na empresa que produziu a substância que será inserida em seu corpo. Toda a sociedade depende de um número enorme de acordos e confianças mútuas.

Sem a necessidade do compromisso ou do perdão, o tecido social dohrniense começava a se desfazer. Ninguém queria mais firmar acordos ou contratos. As famílias de Dohrnii se desmanchavam, pois as pessoas não se suportavam mais. Por que haveríamos de nos encontrar e celebrar a presença uns dos outros, se ela se estenderá indefinidamente? Por que comemorar aniversários, se o passar dos anos agora nada significa? Todos poderiam se rever sempre. Ninguém mais sentia saudades.

As pessoas se tornavam solitárias e insípidas. Como todos eram eternamente jovens e belos, ocorreu que ninguém era jovem e belo. Não havia necessidade de educar as gerações futuras, pois não existiria geração futura. Todas as escolas fecharam. Não era preciso se preparar para a morte, pois não havia morte. Todas as igrejas fecharam. Se todos eram imortais e tinham tudo o que precisavam, não era necessário se proteger dos outros. Não havia Estado, e vivia-se numa forma de individualismo extremo. Não mais existiam temas para as canções e para a poesia. Não se encontrava esperança, apenas a espera por um tédio eterno.

NOSSA VIDA MORTAL É MESMO ABSURDA?

A essa altura, você já deve ter entendido aonde eu quis chegar com essa história dos dohrnienses. O filósofo **Albert Camus (1913-1960)** dizia que a vida humana, por ser mortal, é absurda: fazemos planos, elaboramos projetos e criamos expectativas, sabendo que, inevitavelmente, tudo isso será interrompido com a morte. Diariamente desejamos o amanhã, quando o mais prudente seria rejeitá-lo.

Os dohrnienses, por isso, não são personagens absurdos. Como eles viverão para sempre, todos os seus sonhos, projetos e planos terão a oportunidade de ser realizados.

Contudo, aí está toda a ironia de nossa história: quem tem todo o tempo do mundo para fazer o que quiser acaba por nada fazer.

Uma vida humana sem a morte, se seguirmos a reflexão de Camus, não é absurda. Mas essa vida também não é, definitivamente, humana. Uma suposta imortalidade, tão almejada e até prometida por alguns cientistas e empresários presunçosos do Vale do Silício, alteraria nossos significados e nossos projetos de uma maneira tão radical que seríamos irreconhecíveis se comparados ao ser humano que hoje conhecemos. **Hans Jonas (1903-1993)** nos lembra, nesse sentido, de que o potencial apocalíptico da técnica — a capacidade que, por exemplo, bombas têm de pôr em perigo a sobrevivência do gênero humano ou corromper sua integridade genética — traz novos questionamentos éticos: o homem deve ser mantido tal qual a evolução o produziu? Deve ser respeitada sua herança genética?

Todd May (1955-), em seu livro *Death* [Morte], conta-nos: se vivêssemos eternamente, não importa quantos erros cometêssemos, teríamos todo o tempo do mundo para consertá-los; se vivêssemos eternamente, não importa quantas alegrias tivéssemos vivido, teríamos todo o tempo do mundo para vivê-las de novo. Só podemos desfrutar de nossas alegrias porque elas passarão; só podemos aprender com nossos erros porque temos pouco tempo para isso. É a morte, enfim, que torna a vida preciosa — como indica o clichê "a flor só é bela porque é breve". A beleza, a felicidade e a alegria são assuntos para mortais. Talvez por isso, no livro e no seriado *A Guerra dos Tronos* (a série manteve o título original, em inglês, *Game of Thrones*), um dos lemas dos homens de Bravos é: *Valar morghulis*, "todos os homens devem morrer". Já os dohrnienses, cada vez menos semelhantes a um ser humano, viviam em estado de profundo isolamento.

O conto "O imortal", do grande escritor argentino Jorge Luis Borges — a grande inspiração para este capítulo, aliás —, discorre sobre uma cidade habitada por homens imortais. Em vez de serem sábios e belos, como os elfos imperecíveis de *O Senhor dos Anéis*, os imortais de Borges eram trogloditas que falavam pouco e se alimentavam de serpentes. Como na eternidade toda experiência acontecerá de novo, os imortais achavam tudo entediante.

Na imortalidade, não há necessidade de coragem, pois não há riscos. Na imortalidade, não há necessidade de moderação, pois não há doenças. Na imortalidade, não há necessidade de justiça, pois não há danos. A justiça e a ética são assuntos para mortais. Assim escreveu Borges: "A morte (ou sua alusão) torna preciosos e patéticos os homens. Estes comovem por sua condição de fantasmas; cada ato que executam pode ser o último".

Não à toa, os trogloditas imortais de Borges decidiram viver no pensamento, na especulação. Para eles, essa era a única possibilidade de escapar do tédio eterno (mas eu acredito que a eternidade acaba por inviabilizar também o pensamento, como falarei adiante).

Tudo é precioso entre nós, porque pode ser o último. Portanto, o interesse pela morte não é — ou não precisa ser — um interesse mórbido e triste, como por vezes se supõe. Pelo contrário, entender a nossa finitude pode ser um dos segredos da vida. Amargo paradoxo: nossa radical possibilidade de nos tornarmos inviáveis é o que viabiliza a nossa vida terrena da maneira como a conhecemos.

A FILOSOFIA É UM ASSUNTO PARA MORTAIS!

Deus também é imortal, e não é um troglodita triste, alguém poderia argumentar. Mas o Deus das religiões monoteístas, além de eterno, é todo-poderoso, está em todos os lugares e sabe de todas as coisas — e isso O torna radicalmente diferente de nós, que somos humanos. Onisciente e onipotente, Deus não precisa do pensamento ou da filosofia.

Todo pensamento (e, portanto, toda filosofia) nasce de uma inadequação, de uma imperfeição, de uma incompletude, de uma inquietação. A tradição filosófica contemporânea, além do mais, alerta-nos que esse "objeto" de meu pensamento talvez não exista, a não ser fora de meu pensamento — sou eu que crio os próprios problemas de meu pensar (trataremos desse problema do conhecimento no capítulo 2, "Isto não é um cachimbo", a partir do famoso quadro de René Magritte *A traição das imagens*).

Se todo pensamento nasce de uma inadequação, somente seres imperfeitos são capazes de pensar. **Thomas Paine (1737-1809)**, em um texto pouco conhecido publicado por Philip Foner, "Da existência de Deus", definia o Criador como aquele para quem a vontade, a realidade e a possibilidade são conceitos idênticos. Se Deus é perfeito, há Nele uma identidade entre Ser e Saber, e, portanto, a filosofia não é necessária. Em contrapartida, os seres humanos, sempre mortais e limitados, sempre incompletos e impermanentes, sempre presos à própria angústia, precisam pensar. Como afirmou Luís César Oliva, em *A existência e a morte* (livro importante para a confecção deste capítulo), a reflexão sobre a morte, paradoxalmente, torna-nos mais fortes para a vida.

Santo Agostinho (354-430), em suas *Confissões*, mostrava-se estarrecido com uma questão semelhante: se Deus é o criador do tempo, como pensar em Deus antes do tempo? Como pensar em algo anterior ao tempo, se a própria noção de algo "anterior" é uma noção temporal? A solução de Santo Agostinho foi: Deus é criador do tempo, e, para Ele, a pergunta "antes" e "depois" não se aplica. A temporalidade, pressuposto da mortalidade, é uma condição radicalmente humana, e não divina. Embora, para Agostinho e os cristãos, Deus possa se manifestar no tempo, apenas nós, seres limitados, vivemos *no* antes e *no* depois.

Portanto, os dohrnienses, embora imortais, não vivem como Deus, pois não são oniscientes ou onipotentes. Eles viveriam, então, como os animais? Um animal que, embora mortal, não possua consciência de que um dia morrerá, vive numa espécie de eterno presente, sem carregar a angústia de perceber-se como um ser do tempo. Sobre esse assunto, na *Segunda consideração intempestiva*, **Friedrich Nietzsche (1844-1900)** indica: encarcerados no instante, os animais não sentem angústia ou melancolia. O medo da morte que os animais sentem é meramente instintivo e manifesta-se apenas diante de uma ameaça imediata à sua existência. Um animal perfeitamente saudável não pensa na morte, não fica triste com essa ideia. Por isso, o homem frequentemente inveja a suposta felicidade do animal. Mas será que a felicidade é uma palavra que pode ser conferida a um ser que não sente a angústia humana? O que o animal sente não seria, na verdade, uma mera alegria ou alguma outra coisa bastante distante do que nós sentimos e buscamos?

Falar em *felicidade animal* não passa de uma mera projeção de nossas próprias expectativas. Teremos dois capítulos deste livro, o 3 e o 4, para pensar a relação dos homens com os animais. Por ora, posso afirmar que, para mim, **Sócrates (469-399 a.C.)** continua sendo o mais sábio dos homens: ele percebeu que, uma vez que o ser humano é imperfeito e incompleto, nunca saberemos de tudo. Por isso, ser filósofo não é possuir a verdade (algo reservado a Deus ou aos deuses), mas amar a busca da verdade, e isso é tudo que nos cabe.

Se a filosofia é busca, e não posse, e nasce de nossas próprias imperfeições, a humildade — entendida aqui não como autodepreciação, mas como o reconhecimento permanente e persistente da possibilidade do próprio erro — é característica fundamental do pensar. A sabedoria é sempre humilde, pois reconhece seus limites, como **Blaise Pascal (1623--1662)** afirma na epígrafe deste capítulo.

Se a sabedoria é humilde, a estupidez, pelo contrário, é arrogante e impiedosa, uma vez que vive certa de si e não reconhece a possibilidade de erro. Enquanto a sabedoria é sempre tímida e frequentemente silenciosa, a estupidez marcha e grita, pedindo a atenção de todos (sem grande esforço, o leitor do século XXI conseguirá pensar em um sem-número de exemplos em que a tolice, sempre confiante de si, busca estabelecer sua hegemonia e presença totalitárias).

Em resumo: Deus não precisa filosofar, pois já sabe de todas as coisas; os animais, embora mortais, não têm consciência da própria temporalidade e, por isso, não possuem a sensação de imperfeição, que é mãe do pensar. Da mesma forma, se fôssemos imortais, como os dohrnienses, estaríamos seguros, com a eternidade em nossas mãos, de ter tempo para um dia alcançar a verdade e, por isso, acabaríamos não nos dando ao trabalho de pensar.

Existe, por conseguinte, uma condição inescapável para nos tornarmos filósofos: sermos mortais. A mortalidade nos fornece a sensação de incompletude, de angústia e de imperfeição, que é a mãe de todo pensamento. Viver é ser passageiro, nos dois sentidos da palavra, como percebeu Fernando Brant e Milton Nascimento, autores da música "Encontros e despedidas". Morreremos, e, por isso, estar neste mundo é como ser passageiro num trem cujo destino é conhecido por todos desde o início. Nesse sentido, há uma boa dose de verdade nas representações medievais que concebem a vida humana como uma viagem e representam a nossa existência como uma caminhada. Por exemplo, na pintura de Hieronymus Bosch *O andarilho*, a vida aparece como uma experiência da qual sairemos inevitavelmente paupérrimos e de calças rasgadas. Na obra do artista holandês, vemos em primeiro plano, com uma fazenda muito simples como pano de fundo, em uma atmosfera rural, um mascate magro, de cabelo e cavanhaque brancos, em trajes surrados e rasgados. Nas costas, carrega uma grande cesta de vime. Vê-se em seu rosto uma expressão de tristeza e desesperança.[1]

A SALVAÇÃO DOS DOHRNIENSES

Mas voltemos à nossa civilização não absurda. Vimos que a população de Dohrnii, imortal, não conhece o amor, não conhece a felicidade, não conhece a angústia e não conhece a ética. Não há filosofia entre os dohrnienses.

Com o tempo, como ninguém mais queria estudar, pouco a pouco os conhecimentos científicos daquela sociedade se perderam. Assim, trezentos anos após a descoberta da imortalidade, um homem morreu, e foi seguido por outro, e outro. O hormônio que os cientistas haviam injetado nos humanos, afinal, não garantia a imortalidade. E agora não havia mais cientistas capazes de repor ou trocar o material.

As pessoas, então, começaram a sentir medo e angústia novamente. O que fariam agora, diante da morte? Os dohrnienses voltaram a se abraçar e a sentir vontade de rever os parentes e amigos amados, que a qualquer momento poderiam morrer também. Voltaram a observar a beleza das montanhas, pois poderia ser a última coisa que viam. Voltaram a pensar nas coisas que haviam feito (e, principalmente, nas que não haviam feito) e iniciaram debates sobre a existência

---

1 *Uma reprodução do quadro está disponível no site do Museu Boijmans Van Beuningen, onde está instalado: www.boijmans.nl/collectie/kunstwerken/1556.*

da alma ou da vida após a morte. Peninha, na música que ficou conhecida na voz de Caetano Veloso, escreveu com razão: "saudade até que é bom, é melhor que caminhar vazio"! Os dohrnienses voltaram a sentir saudades das coisas que poderiam nunca mais rever. Voltaram a ser mortais. Por isso, a filosofia voltou a existir.

A consciência da finitude e a filosofia são, até onde nos é permitido saber, próprias dos seres humanos. Penso que somos jogados no mundo e temos de encarar, com coragem, a nossa própria finitude: existe uma inviabilidade que nos aguarda. O próprio sono nos lembra, diariamente, como a nossa consciência pode num instante escapar de nossas mãos. Talvez por isso, na mitologia grega, Hypnos, o deus do sono, seja irmão de Tânatos, o deus da morte. Toda vez que despertamos pela manhã, acordamos para uma consciência que se sabe frágil e finita.

Não vamos, portanto, repetir o erro dos dohrnienses e desprezar a filosofia, para não correr o risco de enfrentar os mesmos problemas. Como já havia nos alertado **Martin Heidegger (1889-1976)**, é imperioso abandonarmos nossa compulsão pela tecnologia e nossos delírios pretensiosos de onipotência, acreditando que toda a natureza é exterior a nós e existe para nos servir. Não se trata de demonizar a tecnologia; pelo contrário, trata-se de valorizar também o pensamento meditativo, silencioso e amadurecido. Trata-se de abandonar a ânsia compulsiva e compulsória pela novidade, pela fala sem conteúdo, algo que domina os noticiários e as redes sociais — "se a gente falasse menos, talvez compreendesse mais", já cantava Luiz Melodia. A consciência de nossa finitude ajuda-nos a abandonar todo esse barulho do cotidiano e a ouvir o próprio pensamento.

Falaremos, neste livro, sobre o bem e o mal, o conhecimento, o amor, a política, a beleza e os rumos de nossa sociedade. Com a companhia dos grandes pensadores dos últimos dois mil e quinhentos anos, bem como de algumas músicas, pinturas e referências do universo *pop*, buscaremos reflexões para o presente.

Quando escrevi minha tese de doutorado — assim como quando elaboro artigos —, procurei seguir regras de citação, apresentar ideias originais e ater-me ao meu objeto de estudo, no caso, o pensamento político na passagem do século XVIII para o século XIX. É uma atividade importante e gratificante, e que sigo fazendo em minha casa, a Universidade de Brasília (UnB), onde trabalho como professor.

Contudo, às vezes nosso eu grita querendo mais poesia (aqui estou pensando no sentido grego da palavra, *poíésis*, que remete a um ato que envolve a própria criatividade). Por isso, neste livro, de forma despretensiosa, tudo o que quero é convidá-los ao pensamento, mostrando como o conhecimento pode nos ajudar a lidar com as questões mais prementes da vida. Uma tarefa difícil: todos aqueles que tentam escrever para o grande público sabem a dificuldade que é falar para aqueles que não são nossos pares. De fato, os pensamentos que aqui apresento, embora não fossem possíveis sem minha pesquisa acadêmica, devem-se, sobretudo, ao meu trabalho cotidiano como professor e ao meu trabalho de ensino e divulgação científica no canal do YouTube *Se Liga Nessa História*.

"Pensar bem para viver bem", subtítulo deste livro, não deve ser mal compreendido: ele não promete respostas simples para uma vida feliz. "Viver bem" para mim, como para Sócrates, é viver uma vida com reflexão, uma vida não automática que nos distancie dos robôs e outros autômatos. Uma vida verdadeira é uma vida na qual tenhamos a capacidade de dialogar não apenas com os outros, mas também com nós mesmos.

Mais do que isso, tentarei neste livro ser claro — atribui-se a Victor Hugo uma frase de que gosto muito: "quando não somos *inteligíveis* é porque não somos *inteligentes*". Afinal, a filosofia não é algo que surge somente a partir dos filósofos. Todo adolescente passa uma parte do tempo pensando em utopias, refletindo sobre a morte ou sobre o que é certo ou errado — aquele admirar-se consigo e com o mundo, que **Platão (428/427-348/347 a.C.)** dizia ser a matéria-prima de toda a filosofia. Nossa existência e nossa relação com o mundo são a matéria-prima de todo pensar filosófico e não necessitam ser sempre obscuras.

Por isso, não devemos cometer o mesmo erro de Dohrnii. Já aprendemos que as consequências podem ser terríveis quando se ignora a filosofia. Questões de vida e de morte: é sobre isso que falaremos neste livro. Trata-se de um livro apenas para mortais. Caso você seja um ser imortal, recomendo que pare a leitura por aqui e peça seu dinheiro de volta: não é com você que falo.

1

AMOR E FILOSOFIA

— *A vida, senhor Visconde, é um pisca-pisca. A gente nasce, isto é, começa a piscar. Quem para de piscar chegou ao fim, morreu. Piscar é abrir e fechar os olhos — viver é isso. É um dorme e acorda, dorme e acorda, até que dorme e não acorda mais [...]*

A vida das gentes neste mundo, senhor Sabugo, é isso. Um rosário de piscados. Cada pisco é um dia. Pisca e mama, pisca e brinca, pisca e estuda, pisca e ama, pisca e cria filhos, pisca e geme os reumatismos, e por fim pisca pela última vez e morre.

— *E depois que morre?, perguntou o Visconde.*
— *Depois que morre, vira hipótese. É ou não é?*

— MONTEIRO LOBATO, *MEMÓRIAS DA EMÍLIA*

EM VEZ DE FILOSOFAR SOBRE O AMOR, NÃO É MELHOR SIMPLESMENTE AMAR?

Acredito que vivemos hoje, sobretudo entre os mais jovens, um verdadeiro culto da espontaneidade. Por exemplo, quando lecionava no ensino médio e nos cursos preparatórios para o vestibular, eu costumava ver alunos extremamente contentes consigo próprios por conseguirem tirar nota sete na prova de filosofia sem ter estudado. Eles argumentam que uma nota sete sem estudo algum vale mais do que uma nota nove que veio de um grande esforço. Afinal, o aluno que tirou sete pôde usar todo o tempo que poderia dedicar ao estudo fazendo algo mais importante, como mexer no celular, enquanto o desafortunado que tirou nota nove passou horas estudando!

Parece que esse é um processo similar ao de jovens que postam vídeos ou textos em redes sociais querendo se tornar comentaristas de ciência, de história ou de política *antes* de se dedicarem a um estudo sério sobre o tema. Nos dois casos, o que importa é a performance, a quantidade de visualizações e likes, como se o fato de o sucesso ser espontâneo, e não fruto de um trabalho sério e dedicado, o tornasse mais verdadeiro.

É um fenômeno curioso. Eu poderia dizer que isso significa que os jovens querem sucesso sem precisar do trabalho, mas essa seria uma resposta simplista e um tanto moralista. Na verdade, penso que os adolescentes são um espelho de nossa sociedade. Em outras palavras, o que se manifesta neles costuma ser um reflexo exagerado de elementos que estão presentes na vida social dos adultos.

Cotidianamente, vemos a performance ser apresentada como algo mais importante do que o esforço e a diligência. Quantas vezes adultos preferem cultuar artistas, personalidades de rede social e pessoas que "tiveram uma ideia genial" ou "pensaram fora da caixinha", entre outros clichês do tipo, como se fossem superiores aos que trabalharam para fazer boas ideias tornar-se realidade? Quantas vezes vemos pessoas maduras se irritando com cientistas e intelectuais — os quais supostamente "complicam as coisas" ao discuti-las — e enaltecendo pessoas rudes que, em vez de promover o debate, argumentam de forma rasa e banal? Nesses casos, trata-se da mesma atitude dos adolescentes: pensar a performance como tudo o que importa, como se ela devesse ser desvinculada do esforço. Mais do que isso, trata-se de desprestigiar o esforço intelectual, enquanto se enaltece a postura de alguém que simplesmente diz o que certos espectadores querem ouvir. Existe, portanto, uma desvalorização do precioso tempo de dedicação e uma ideia equivocada de que a genialidade surge espontaneamente.

Neste momento, você talvez esteja pensando: o que tudo isso tem a ver com o amor, o título deste capítulo? Ocorre que a maioria das pessoas pensa também que o amor não é algo que deve ser trabalhado, pensado e discutido, mas que se desenvolve naturalmente, espontaneamente e sem grande esforço. Por isso as pessoas abominam as discussões sobre o relacionamento amoroso, as chamadas "DRs".

Para sustentar meu argumento, lembro aqui de um clássico da filosofia e da psicologia, o livro de **Erich Fromm (1900-1980)** *A arte de amar*. Fromm utiliza "arte" com o sentido original da palavra latina, de "artifício, técnica", algo que exige prática, experiência e reflexão. Aprender a amar seria como apreender a tecer: para desfrutar da beleza da trama, é preciso insistência, esmero e observação. Se o amor é uma arte, pensar e discutir a seu respeito não é perda de tempo, mas uma atitude que nos ajudaria a vivenciá-lo, experienciá-lo e, assim, obter uma vida mais prazerosa.

Nesse sentido, Fromm afirmava que o amor exige virtudes bastante difíceis de praticar: o cuidado, a responsabilidade e o respeito. Como uma planta delicada, essas virtudes precisam de cultivo diário e cuidadoso. Além disso, têm em comum uma exigência: romper as paredes do ego, que separam os indivíduos, e, assim, ir direto ao coração do outro.

Para amar o outro, contudo, é preciso evitar ao máximo três armadilhas: o sadismo, o masoquismo e a projeção. No amor sádico, meu eu quer encarcerar o outro, fazer dele parte de si. O amor sádico quer ferir e humilhar. No amor masoquista, meu eu se faz como um nada perto do outro, deixa o outro guiá-lo, tomar as decisões por si. O amor masoquista exige que o eu viva em uma espécie de menoridade afetiva. No amor que é projeção, espera que o outro cumpra uma exigência de meu próprio inconsciente. Nessa projeção, não raro, espera-se que o outro desempenhe o papel de pai ou mãe.

Todos essas armadilhas, argumentava Fromm, são criaturas perigosas de nosso próprio ego. E o ego, como se sabe, é sempre o leão mais difícil de domar e compreender, a origem dos muitos monstros que nos apavoram. Assim, Fromm argumentava: devemos amar do centro de nós mesmos.

Por acreditar que o amor não precisa ser trabalhado, muitos caem nas armadilhas citadas por Fromm. Quantos de nós não conhecem pessoas que, como insetos em volta da lâmpada, vivem se lamentando por não terem encontrado a pessoa dos seus sonhos? Quantos não vivem esperando que um dia, sabe-se lá por quê, caia dos céus o ser que será a salvação de seus problemas? Por isso, Cazuza canta em "Blues da piedade" (e estou com ele): "Quem não sabe amar, vive esperando alguém que caiba nos seus sonhos". E, "como varizes que vão aumentando", esses problemas são capazes de nos tornar pessoas carrancudas e pouco aprazíveis com o passar dos anos.

Se amar, portanto, é uma arte, a filosofia, ao pensar o amor, pode nos ajudar nessa caminhada.

Mas nós, mortais do século XXI, sabemos o quanto isso é difícil; afinal, no que consistiria esse "amar do centro de nós mesmos"? Como não ser refém das armadilhas do próprio ego? "Nunca pertenceria a um clube que admitisse como sócio alguém como eu", diz uma frase célebre usualmente atribuída a Groucho Marx. "Isso é a piada-chave em minha vida no que diz respeito a situação com as mulheres", disse Alvy Singer, personagem vivido por Woody Allen em *Noivo neurótico, noiva nervosa*. Em outras palavras, essa é a armadilha criada por nós mesmos: se uma pessoa me considera digno de ser amado, certamente essa pessoa se enganou, não me conhece o suficiente ou ela própria não é uma boa pessoa, o que é razão suficiente para que dela eu me afaste.

O AMOR É UMA REAÇÃO QUÍMICA?

Existe outra posição hoje forte entre os mais jovens: a de que o amor é tão somente uma reação química, composta por substâncias como adrenalina, feniletilamina, dopamina, oxitocina, serotonina e endorfinas. Alguns cientistas chegam a dizer que as perturbações fisiológicas vêm antes dos sentimentos, ou seja, não choramos porque estamos tristes, mas estamos tristes porque choramos.

O primeiro a pensar no amor a partir de um ponto de vista fisiológico foi um grande filósofo, **René Descartes (1596-1650)**, no texto *As paixões da alma*. Para Descartes, quando nos apaixonamos, nosso corpo é percorrido por substâncias derivadas de nosso cérebro. No medo, por exemplo, essas substâncias tomam nossas pernas (não é mesmo comum sentir um frio nas pernas no momento do medo?). No amor, essas substâncias fazem o nosso sangue circular com força. Devido a essa circulação intensa, a imagem da pessoa amada se fixa e se fortalece em nossa mente, de maneira que temos dificuldade em sentir outra coisa.

Penso que a ideia do amor como uma mera reação química tem dois problemas básicos. Em primeiro lugar, a ciência, quatro séculos depois de Descartes, ainda está longe de um entendimento completo sobre o funcionamento dos sentimentos, a ponto de fazer afirmações precisas e contundentes. Os médicos sabem muito sobre a atividade cerebral; mas o muito que eles sabem ainda é pouco perto do que existe por saber. O sistema límbico, região cerebral responsável pelas emoções, ainda é um oceano desconhecido a ser explorado.

Em segundo lugar, e o mais importante, descrever uma reação química que acontece no cérebro durante o amor é diferente de descrever a experiência de amar. Em outras palavras, mesmo que a ciência já tivesse descoberto todos os mecanismos e as reações químicas que se processam em nós quando amamos, ainda assim a explicação estaria incompleta. Será que o amor é uma reação química ou será que quando amo ocorre uma reação química? O que é causa e o que é efeito? E, afinal, por que não são todas as pessoas e os momentos que provocam essa reação química? Pense, por exemplo, em seu filho, irmão, neto ou sobrinho. Ele é carne, osso, gordura, cálcio e outras substâncias ou ele é *composto por* essas substâncias? Pense em um livro. Um livro é apenas tinta e papel ou ele é *composto por* tinta e papel? Se tudo pudesse ser reduzido à sua composição físico-química, talvez os livros e as crianças fossem todos iguais. Ou ainda: se eu pudesse inserir em mim, por meio de uma injeção, os compostos químicos que o corpo de meu amigo produz ao amar, amarei a mesma pessoa que ele?

Acredito ser uma atitude reducionista explicar a realidade *apenas* a partir dos elementos físico-químicos que a constituem. A descrição ou a análise da estrutura físico-química de um raio, por exemplo, não nos proporciona a experiência de um raio, assim como a análise das ondas dos fenômenos ondulatórios do ar não nos proporcionam a experiência da música. De acordo com **Thomas Nagel (1937-)**, pensador norte-americano que se dedicou a esse problema em *Uma breve introdução à filosofia*, "se um cientista retirasse a tampa de seu crânio e olhasse o interior do seu cérebro enquanto você come uma barra de chocolate, a única coisa que ele veria é uma massa cinzenta de neurônios"; o sabor do chocolate permanece uma experiência restrita a você. Se um marciano superinteligente analisar o cérebro humano, mesmo que obtenha um conhecimento total sobre ele, não conhecerá a experiência do que é ser humano e, por exemplo, admirar um arco-íris, pois há uma subjetividade na experiência do ser humano que não pode ser reduzida à matéria. Da mesma forma, se há outras vidas conscientes no universo, é possível que não consigamos descrevê-las com nossos referenciais existenciais.

A experiência, portanto, ocorre na mente de maneira diferente do que no cérebro. Thomas Nagel, em outro de seus textos, "Como é ser um morcego?", assim resume a questão: não é possível saber como é ser um morcego porque nós não conseguimos sequer formar a concepção de como é ser um morcego, mesmo que conheçamos todos os detalhes do seu corpo. Podemos imaginar como seria, *para nós*, estar na pele de um morcego, mas nunca saberemos como é, para o próprio morcego, ser um morcego. Os fatos da experiência são acessíveis somente a partir do sujeito da experiência, e não pelo conhecimento da matéria.

Assim, concluo que a composição física do amor nos diz pouco sobre a experiência de amar. Podemos saber o que ocorre em nosso cérebro enquanto amamos ou temos medo, mas não há explicação plausível de como passamos da reação química à experiência. Como escreveu Nagel:

> *o caráter subjetivo da experiência é completamente compreensível somente de um ponto de vista, enquanto qualquer deslocamento em direção a uma objetividade maior — isto é, menos vinculada a um ponto de vista específico — não nos leva mais próximo da natureza real do fenômeno: leva-nos para mais longe dela.*

Se o amor é a um só tempo uma arte, que exige pensamento e reflexão, e um fato da vida, que não se reduz aos seus elementos físico-químicos, então a filosofia sempre tem algo a nos dizer sobre o amor.

O AMOR COMO SENTIDO DA VIDA: UM PROJETO MAIS NOVO DO QUE PENSAMOS

Há quem sustente que, nos dias de hoje, o amor estaria em crise e não teria mais lugar. Entretanto, muita gente ainda abdicaria da própria vida (e vemos isso todos os dias nos noticiários) pelos filhos, pais, irmãos, parceiros ou amigos amados. Em outras palavras, se hoje, nas sociedades ocidentais, não são tão numerosos os que morrem por ideias como a nação, a revolução ou algum projeto mirabolante de sociedade, muitos ainda sacrificam a vida em favor das pessoas amadas que estão diante de seus próprios olhos. Ao menos é isso que defende o filósofo francês **Luc Ferry (1951-)**, no livro *A revolução do amor*. Para ele, o amor é o mais nobre dos valores de nossa época, capaz de nos afastar de nosso egoísmo sem, com isso, precisarmos de ilusões transcendentes — na visão do autor, enquanto a luta por uma revolução seria uma projeção futurística e a ideia de nação uma mera noção abstrata, o amor pelo semelhante é algo concreto, que se realiza diante de nossos olhos.

A despeito de concordarmos ou não com Ferry, se fizermos uma rápida digressão pela história, descobriremos que vivemos em uma época especial no que diz respeito ao amor. Durante muitos anos, por exemplo, era comum casar-se para estabelecer vínculos políticos ou para manter uma tradição, e não por amor. O amor é um sentimento passageiro, que passa e foge com facilidade, lembrava **Michel de Montaigne (1533-1592)**. Assim, basear um compromisso permanente como o casamento em um sentimento fugaz como o amor seria, para ele, como construir uma casa sobre a areia. O casamento, para a maioria dos homens da época, era um contrato, seja para ter filhos — os quais serviriam como braços na fazenda —, seja para assegurar o patrimônio. Interesses como esses, pensavam, seriam mais sólidos e permanentes que o amor.

Só nos últimos dois séculos a ideia de casar-se por amor ganhou força — e também, por consequência, a ideia de divórcio. Legalizado nos países ocidentais entre os séculos XIX e XX, o divórcio relaciona-se a uma expectativa nova em relação ao casamento: casar-se para ser feliz, para se realizar e crescer como pessoa. Se, como era comum em outras épocas, as pessoas não esperassem do casamento nada além de filhos e heranças, seriam poucos os motivos para se divorciar. Contudo, se é esperado do casamento algo tão abstrato como a felicidade, tudo fica mais complicado. O crescimento dos divórcios, assim, longe de ser um sintoma do enfraquecimento dos laços amorosos, significa que atualmente há uma expectativa de que o amor e o casamento forneçam felicidade. Se isso não ocorre, o primeiro pensamento é a separação. Devemos, por isso, desconfiar daqueles que dizem, de forma absolutamente simplista, que "antigamente as famílias eram felizes" e "hoje tudo está em ruínas" — lembremos como antigamente práticas como a traição (quase sempre apenas do lado dos homens) e a violência física e verbal (quase sempre infringida apenas sobre a mulher) eram aceitas como normais, ao passo que hoje, felizmente, cada vez menos o são (e temos sempre muitos exemplos de familiares ou conhecidos mais velhos sobre esse assunto). Mais do que nunca, hoje o amor é visto como o único fundamento legítimo de uma relação.

Não só o amor entre os casais ganhou novo relevo no mundo contemporâneo: o amor pelas crianças é também cada vez maior. Pensadores como Philippe Ariès, em *História social da criança e da família*, **Elisabeth Badinter (1944-)**, em *O mito do amor materno*, e Viviana Zelizer, em *Pricing the Priceless Child* (Precificando a criança inestimável), demonstraram nas últimas décadas como a infância é uma invenção recente em nossa história, datando, sobretudo, do século XIX. Como assim? A ideia de que a criança não deve entrar em contato com o mundo do sexo, da morte ou do trabalho é uma construção recente (em tempo, antes que alguém me entenda errado, penso que essa é uma boa construção, um verdadeiro ganho civilizacional!). Na maior parte da história, a criança começava a trabalhar ou ter contato com o mundo do sexo assim que tivesse condições físicas para isso. Até o fim do século XIX, por exemplo, empresas ou médicos que, por acidente, matassem uma criança de um ou dois anos, pagavam indenizações baixíssimas; se a criança fosse mais velha (e, portanto, pudesse trabalhar), a reparação em dinheiro seria maior. Afinal, não podemos esquecer que a mortalidade infantil era altíssima, e a chance de uma criança não passar dos 5 anos de idade era imensa.

Só no mundo contemporâneo generalizou-se a belíssima ideia de que as criaturas frágeis que são os bebês devem ser amadas e de que sua vida deve ser preservada mesmo a pesados custos. A infância, afinal, é uma criação dos adultos, que representa uma projeção em que, talvez, eles mesmos gostariam de viver, sem morte, doenças ou trabalho. É um mundo cuidadosamente planejado para livrar os pequenos seres humanos de nossos infortúnios e maldades, ainda que por tempo limitado. Para perceber a importância dessa ideia, lembremos como, no século XVIII, era comum que toda tarefa relacionada ao cuidado das crianças ficasse a cargo de criadas, inclusive a amamentação (o que aumentava substancialmente a possibilidade de morte dos bebês). Isso era visto como normal na época — e, felizmente, não é mais socialmente aceito.

Por isso Luc Ferry, com grande otimismo, diz: vivemos num momento civilizacional em que o amor é um sentimento importante, valorizado, e que, se pensarmos bem a respeito, pode ser o alicerce para a construção de um mundo mais harmônico. Não é à toa que o sociólogo polonês **Zygmunt Bauman (1925-2017)** errou ao dizer em seu livro *Modernidade líquida*, lançado em 2000, que a família era uma instituição já extinta e que não passaria, em suas palavras, de um "morto-vivo". Pelo contrário, hoje mais do que nunca se busca o amor — e não a força, a propriedade ou a conveniência, como se fazia antes — como base da construção da família. A propósito, a ideia do casamento como fundamentado no amor (mais do que na reprodução ou no patrimônio) abre espaço também para a construção de famílias das mais diversas formas.

Dado que o amor é algo difícil de definir ou explicar, essa tarefa não tem sido fácil. Talvez, por isso, tenhamos de visitar os clássicos.

O AMOR PLATÔNICO

Em seu breve livro *O banquete*, Platão pensa o tema do amor a partir de um banquete oferecido por Agaton a seus amigos próximos, Aristófanes, Aristodemo, Fedro, Alcebíades e Sócrates.

Entre os discursos proferidos à mesa, o mais famoso, e o mais belo, é o de Aristófanes. Há muito tempo, ele conta, havia três tipos de criaturas humanas: masculinas, femininas e andróginas. Todas elas eram geometricamente redondas, fortes e velozes. Possuíam quatro pernas, quatro braços, um pescoço, duas faces, quatro orelhas e dois órgãos sexuais. Zeus, então, decidiu cortá-las ao meio. Cada ser masculino tornou-se dois homens, cada ser feminino tornou-se duas mulheres e cada ser andrógino tornou-se um homem e uma mulher. Os homens que amam homens eram, no princípio dos tempos, criaturas masculinas, as mulheres que amam mulheres eram criaturas femininas, e os homens e mulheres que se amam eram criaturas andróginas.

O amor, assim, seria uma força que visa a reconstituir uma totalidade originária perdida. Todo ser humano, sozinho, é incompleto e desamparado. A única maneira de curar essa natureza fragmentada seria encontrando aquele outro que torne a existência plena. Em outras palavras, o amor é uma busca por algo que, ao nos completar, nos cura. Essa noção de amor é a mais comum nas músicas brasileiras.

Ainda em *O banquete*, Sócrates complementa a posição de Aristófanes ao dizer que o ser humano só ama uma coisa: aquilo que lhe falta, aquilo que não possui. O objeto de amor é algo ausente, constantemente solicitado. Mesmo o amor pelo que supostamente temos é, na verdade, um desejo por uma permanência no futuro. O amor, nesse sentido, é uma espécie de inquietação, uma procura. O inverso do amor, de acordo com esse ponto de vista, é a posse — a partir do momento em que o outro se torna minha propriedade, o amor acaba.

Vale aqui lembrar a origem da palavra "filosofia": *philos*, amor ou amizade, *sophìa*, sabedoria. Para Sócrates, ser filósofo não é *ter* sabedoria, e ser sábio não é *ter* conhecimento, pois considera que o amor não pode ser posse. Ser filósofo, no olhar de Sócrates, é amar a sabedoria, que, no limite, será sempre uma busca. Ser sábio é reconhecer a própria ignorância para, assim, poder efetivar essa busca. E nem poderia ser diferente:

dado que somos mortais, como bem vimos no capítulo anterior, o que não sabemos sempre supera o que sabemos, de modo que *ter* sabedoria nunca é uma possibilidade para os humanos.

Sócrates nos conta também que o amor, Eros, é filho de Pênia, a pobreza, e de Poros, a esperteza. Conta-se que, em uma festa em homenagem ao nascimento de Afrodite, Poros está embriagado e, encontrando a carente Pênia, une-se a ela. Eros é pobre, rude, sem lar, mortal e carente como a mãe, mas esperto e audaz como o pai. O amor é ao mesmo tempo mortal e imortal: ele morre, diferentemente dos deuses, mas sempre renasce, diferentemente dos mortais.

Essa noção platônica de amor está presente quando outro famoso cantor, Frejat, em uma de suas canções diz: "procuro um amor que ainda não encontrei". O amor, essa procura insaciável pela completude, se materializará numa pessoa ainda não conhecida. Para existir amor, é preciso que o ser humano antes conheça o sentimento de falta, de insuficiência e de insatisfação.

Agora... Será mesmo que o amor só sobrevive como busca? Ou será que é possível *ter* um amor tranquilo, "com sabor de fruta mordida", como cantava Cazuza?

O AMOR ARISTOTÉLICO E A ATARAXIA ESTOICA

Desde que comecei a dar aulas de filosofia para o público adolescente, em 2007, depois de trabalhar esse pensamento platônico, faço um contraponto com o aristotélico e lhes pergunto o que pensam a respeito. Quase sempre, eles preferem Aristóteles.

Aristóteles (384-322 a.C.) nos fala em três tipos de união entre as pessoas. Primeiro, aquela que é sustentada pelo prazer — estamos juntos enquanto a nossa união proporciona algum tipo de alegria. Segundo, aquela que é sustentada pela utilidade — estamos unidos enquanto um servir ao outro em algum propósito. Por último, um amor ou amizade mais pura, quando nós simplesmente admiramos o outro e lhe desejamos o bem, independentemente do prazer ou da utilidade. Este último tipo de ligação — bem distante da "busca" platônica — é o mais durável, uma vez que continua a despeito das instabilidades do prazer ou da utilidade.

Os adolescentes, por isso, costumam concordar com a ideia de que, em vez de procurar alguém que nos complete, devemos ser completos e felizes sozinhos. O amor, eles pensam, deve ser uma ligação desinteressada, um sentimento pelo outro que não crie dependência. Penso que, com essa predileção, eles estão tentando fugir de uma rima muito utilizada nos sambas: amor e dor. Quero dizer que, como a vida frequentemente ensina, depositar em outra pessoa a expectativa de ser sua cara-metade, além de ser muito cruel com essa outra pessoa, frequentemente resulta em frustração. Não buscar a realização no outro é, assim, uma forma de fugir desse risco.

Na Grécia Antiga, a escola dos filósofos estoicos defendia que, para ser feliz e atingir a paz de espírito (*ataraxia*), é preciso aprender a ser independente das coisas exteriores: não se deve buscar glória, fama, riqueza ou outras coisas vãs. Dado que tudo, inevitavelmente, passará, apegar-se a essas coisas trará sofrimentos: se os nossos desejos não forem realizados, vamos nos sentir frustrados e infelizes. Se os realizarmos, vamos nos sentir entediados e vazios. O sábio, em vez de buscar mudar a ordem do mundo, deve saber mudar seus desejos, para assim alcançar a paz. **Sêneca (4 a.C – 65)** chega ao exemplo extremo de dizer que, se nos cortarem o braço, não devemos nos desesperar; não porque não gostemos de nosso braço, mas porque esse desespero não o trará de volta, e terá como resultado apenas uma vida de sofrimento. Nesse sentido, para esses filósofos, o amor tal qual descrito por Platão é uma perturbação da alma que impede a tranquilidade e só traz sofrimentos ainda maiores.

Mas será que é possível amar sem risco ou perturbação? Compreendo o medo da dor, mas temo também que a busca por evitar o sofrimento acabe aniquilando a própria experiência de viver, como um remédio tão poderoso que nos torna uma espécie de mortos-vivos. Por isso, penso que sufocar as paixões apenas para evitar a dor é o caminho para uma vida fria e sem graça. Estaríamos jogando a criança fora junto com a água do banho, como diz o jargão acadêmico. O conjunto Los Hermanos, na bela música "Condicional", de Rodrigo Amarante, trata exatamente desse balanço: na primeira parte, é apresentado um amor excessivamente controlador e apegado que, por isso, termina em decepção; na segunda parte, é tematizado um amor excessivamente aberto e desapegado, que também não termina bem, com o outro sentindo-se excessivamente abandonado. Como colocou Maria de Lourdes Borges no livro *Amor*, texto importante para a confecção deste capítulo, já que amor e sofrimento são temas que andam tão juntos, não seria melhor abraçar a imperfeição como condição própria do viver?

O AMOR KANTIANO

Há ainda um aspecto do amor sobre o qual não falamos. É o amor pela humanidade como um todo, aquele que busca ajudar e fazer o bem ao próximo, sem nada esperar em troca. O filósofo prussiano Immanuel Kant assim expressa seu primeiro dever universal (o famoso imperativo categórico): "Age como se a máxima de tua ação devesse tornar-se, através da tua vontade, uma lei universal". Para Kant, uma ação será correta se o princípio que a rege puder ser universalizável. Por isso, nunca será correto, por exemplo, utilizar o ser humano como um meio para conseguir qualquer coisa, como o prazer ou alguma vantagem, uma vez que, se todos utilizassem o próximo como um meio, a vida em sociedade seria insuportável. No mesmo sentido, não se pode medir a bondade de um ato pelas suas consequências, uma vez que não temos controle sobre o que nossos atos podem desencadear.

O amor pela humanidade ("como se não houvesse amanhã", nas palavras de Renato Russo) é muito forte nas tradições religiosas. Por exemplo, para filósofos como Santo Agostinho, o amor de Deus seria absolutamente desinteressado, a ponto de sacrificar a si mesmo, na figura de Cristo, pelo bem do outro — veja que, aqui, se trata de uma concepção de amor bastante diferente das anteriores.

O AMOR LÍQUIDO

André Comte-Sponville (1952-) resumiu as posições filosóficas sobre o amor em uma fórmula bastante conhecida. Em primeiro lugar, existiria o amor como *eros*, presente em Platão, o desejo daquilo que nos falta, de buscar a completude. Em segundo lugar, haveria o amor como *philia*, presente em Aristóteles, desejo de partilhar a companhia do outro, seja pelo prazer, pela utilidade ou pela virtude — é o amor como felicidade pela existência do outro. Por fim, há o amor como *agapē* ou *caritas*, presente em Kant, isto é, o amor desinteressado, como benevolência, não por uma pessoa em particular, mas pela humanidade.

Quando iniciei a graduação na Universidade de São Paulo, cheguei a morar em uma pensão com mais ou menos duas dezenas de pessoas, a qual tinha um preço bastante reduzido em comparação com apartamentos mais privativos. Contudo, o lugar fechou por conta de alguns problemas.

Naquele momento, fui morar com meu avô, o saudoso migrante nordestino Zé Pereira, em Santo Amaro, na Zona Sul de São Paulo, o que me obrigava a usar dois ônibus e um trem para chegar à faculdade. O Zé Pereira, famoso entre amigos e família por algumas frases memoráveis (dentre elas, "te desejo felicidade sem gordura" e outros trocadilhos que não podem ser reproduzidos aqui), também sabia ser filósofo (e melhor do que muitos dos que estão fazendo dinheiro por aí), apesar de não possuir formação escolar, formal.

Ele se casou cedo, como era comum entre pessoas da sua geração, e me disse como considera engraçada uma prática entre as pessoas da minha idade. Segundo ele, os mais jovens, frequentemente, pensam: *vou me formar em alguma faculdade, conseguir dinheiro, aprender a falar pelo menos duas línguas, comprar uma casa, fazer investimentos, ter um cachorro, viajar o mundo, experimentar tudo o que for possível e, só então, vou me casar.* "Diante de tudo isso", dizia indignado o Zé Pereira, "para que se casar?" Para o meu avô, amar e se casar (coisas indissociáveis, em sua percepção) dizia respeito a caminhar, construir e crescer juntos, um verdadeiro encontro entre duas pessoas. Se as duas pessoas estão "prontas" sozinhas, para que devem se unir?

Trata-se de uma ideia que, embora alguns de nós possamos considerar antiquada, suscita reflexões. De forma semelhante ao Zé Pereira, o sociólogo polonês Zygmunt Bauman, em seu livro *Amor líquido*, afirma que tratamos nossos parceiros amorosos como mercadoria. Para Bauman, na contemporaneidade, não seria mais tarefa de ambos os parceiros "fazer o relacionamento funcionar" nas boas e nas más situações, ajudar um ao outro ao longo dos trechos bons e ruins, fazer acordos e sacrifícios (o trabalho de amar de que falava Erich Fromm).

Em vez disso, para ele, o amor teria se tornado uma questão de obter satisfação com o outro. Em um supermercado, esperamos que o produto esteja pronto para ser consumido e, caso não traga satisfação, rapidamente é trocado. Da mesma maneira, pensamos que, se o prazer que o amado me promete não se equipara ao padrão esperado, não existe razão para ficar com ele. Quando escolhemos um carro para comprar, avaliamos suas características, como tamanho, funcionalidade, economia, cor ou eficiência. A escolha de parceiros, pensa Bauman, aconteceria da mesma forma: queremos alguém pronto e acabado, e visamos ao máximo nos livrar do trabalho de criar um relacionamento. A semelhança entre os aplicativos de encontros e os catálogos das lojas de compras on-line não é por acaso. Não se trata de comparar a estrutura dos relacionamentos contemporâneos à do capitalismo clássico, no qual o trabalho duro é a única fonte de enriquecimento. A analogia é feita com o capitalismo financeiro (o que vivemos hoje), no qual, como em uma bolsa de valores, queremos um retorno rápido de nossas apostas.

Bauman, citando o sociólogo Ulrich Beck, recomenda que não procuremos "soluções biográficas para contradições sistêmicas". Em outras palavras, se buscamos outra relação com o amor, não basta uma mera mudança de atitude. Talvez seja necessária também uma mudança na própria sociedade que privilegia e promove esse tipo de relação mercadológica — a sociedade deve parar de se restringir ao mero consumir e deixar de acreditar que qualidade de vida é sinônimo de quantidade de coisas.

UMA PEQUENA CONCLUSÃO

A essa altura, você que me lê pode estar impaciente, pensando: *Tudo bem, Daniel, mas para você, afinal, o que é o amor?*

Penso que o amor é uma belíssima e complicadíssima arte, a arte de criar sentidos. Amar é o ato de usar todo o poder do coração e da mente para fazer que o universo pareça conspirar a nosso favor e torne as estrelas sócias em nossos propósitos. Por isso, para mim, o amor que é digno desse nome não pode ser leve e passageiro (embora não possa ser eterno, já que somos mortais), tampouco pode se realizar entre pessoas que são absolutamente independentes uma da outra. Amor, quase sempre, envolve ansiedade, dúvidas e muitas decepções, e isso também faz parte da beleza do processo (desde que, claro, a parte "ruim" não seja mais frequente do que a alegria, e, desse modo, a relação não se torne um amor sádico ou masoquista abusivo, como falamos anteriormente). Lembro-me de que as pessoas da década de 1980 falavam em "curtir a fossa", e acho essa ideia muito interessante — a decepção e a tristeza também fazem parte da vida, desde que, repito, não se tornem a regra da existência. E se o amor é, em certa medida, criação, ele também não pode ser, como por vezes se diz, o encontro com uma cara-metade que já estava à sua espera. Todo amor, como um artifício, exige trabalho.

Para mim, quem melhor expressou essa definição foi Chico Buarque, na bela música "Dueto", cantada em seu álbum mais recente com Clara Buarque. Peço gentilmente que, agora, deixe o livro de lado e escute essa canção (até mesmo porque no próximo capítulo entraremos em discussões metafísicas e por aqui uma pausa é mais do que bem-vinda).

OS AMORES DE BOTTICELLI

Para falar do famoso pintor Sandro Botticelli (1445-1510), antes precisamos conhecer seu mestre, **Marsílio Ficino (1433-1499)**. Escritor e filósofo humanista de Florença, Ficino foi o tradutor da obra então atribuída a Hermes Trismegisto (posteriormente, esses textos foram atribuídos a diferentes autores). Os textos de Trismegisto combinavam elementos cristãos e pagãos, com forte influência nas filosofias estoicas, neoplatônicas, persas e hebraicas, e defendiam que podemos chegar à iluminação a partir de um conhecimento místico e intuitivo — vem daí, aliás, o chamado *hermetismo*, um conjunto de doutrinas que misturavam misticismo, alquimia, filosofia e astrologia. A partir da obra de Trismegisto, Ficino buscava, por meio de amuletos mágicos, atrair a força das estrelas.

Botticelli foi sem dúvida influenciado pelo hermetismo de seu mestre. É dele a famosa pintura *Primavera*,[1] onde

---

[1] *O quadro está instalado na Galleria degli Uffizi, em Florença. Você pode ver uma reprodução aqui: www.uffizi.it/ opere/botticelli-primavera.*

foram encontradas 138 espécies diferentes de plantas. Encomendada pela família Médici, ela mostra nove figuras da mitologia clássica em um gramado florido. Da direita para a esquerda: Zéfiro, o vento, sequestrando a ninfa Clóris, com quem se casa; Clóris tornando-se uma divindade, a deusa da Primavera, a vida que espalha rosas pelo chão; Vênus e o Cupido usando joias da cor da família Médici; as três Graças, deusas menores, dançando em círculo; e Mercúrio, mensageiro dos deuses (provavelmente, na forma de Juliano de Médici), mantendo o jardim seguro.

Erwin Panofsky, insuperável historiador do Renascimento, faz uma comparação entre a Vênus representada em *Primavera* e aquela de outro quadro do neoplatônico Botticelli, do mesmo período, *O nascimento de Vênus*[2]. Nele, Vênus está ao centro, sobre uma concha, como uma pérola, com o vento Zéfiro soprando à sua esquerda. Nua, os longos cabelos loiros cobrem seus seios. À sua direita, uma jovem lhe entrega um manto florido.

Segundo Panofsky, a Vênus da *Primavera* seria o amor sensível, ou seja, corruptível e passageiro, ao passo que a de *O nascimento da Vênus* seria o amor do mundo das ideias, eterno e imutável (o amor puro, assim, estaria nu, e o amor mundano, por sua vez, vestido).

Contudo, a historiadora Frances Yates chamou atenção para outra coisa: Ficino acreditava em uma magia segundo a qual deveríamos criar um amuleto com Mercúrio à esquerda, seguido por Sol, Júpiter e Vênus, em cores vermelhas e amarelas. Isso seria bom para afastar a melancolia (Saturno), que aflige, segundo o filósofo renascentista, sobretudo os estudantes e professores. Seria a obra, então, um amuleto, com temas mágicos da astrologia, colocado em um palácio para atrair os poderes do Sol? Lembremos que, no século XV, mesmo alguns papas (Alexandre VI, por exemplo) eram simpáticos à magia e à astrologia.

---

2 *Também instalado na Galleria degli Uffizi: www.uffizi.it/opere/nascita-di-venere.*

2
ISTO NÃO É UM CACHIMBO!
O QUE EU POSSO CONHECER?

Duas coisas enchem o ânimo de admiração e de reverência sempre renovadas e crescentes quanto mais frequente e continuamente a reflexão se ocupa delas: o céu estrelado sobre mim e a lei moral em mim.

— IMMANUEL KANT

A TRAIÇÃO DAS IMAGENS

Há um quadro revolucionário de René Magritte, *A traição das imagens*, de 1929 (você pode ver a imagem no site collections. lacma.org/node/239578), que traz uma mensagem desconcertante e enigmática. Logo abaixo da figura de um cachimbo, lê-se:

Isto não é um cachimbo.

Mas o que, exatamente, não é um cachimbo? Foi a pergunta feita pelo filósofo **Michel Foucault (1926-1984)** em seu texto sobre o pintor: *isto não é um cachimbo*, mas a pintura de um cachimbo? Nesse caso, a mensagem seria: não podemos confundir as representações humanas com a própria realidade. Ou será que a frase "isto não é um cachimbo" não é um cachimbo? Nesse caso, a ideia seria não confundir as palavras com as coisas. Ou será que tudo — a frase, o quadro e o próprio cachimbo — não é um cachimbo? A propósito, quem nos fala que "isto não é um cachimbo"? Seria o pintor? Somos nós mesmos? Ou será o próprio cachimbo?

O quadro é bastante pertinente em uma época na qual frequentemente confundimos a fotografia no Instagram com a vida real. Por isso, minha sugestão é que todas as redes sociais tenham a contemplação desse quadro como pré-requisito para qualquer nova inscrição:

"Atenção, isto não é a vida real, mas um momento dela cuidadosamente selecionado e manipulado para lhe provocar angústia, inveja e vício! Antes de navegar na rede, contemple este quadro de Magritte."

A pintura do cachimbo "não é um cachimbo". Um "curtir" em sua foto não significa que alguém goste de você, nem que a foto seja boa ou bonita. As palavras e as imagens não precisam ser a sua realidade.

Mas a mensagem da pintura é, claro, muito mais profunda do que isso. Todos nós vivemos a partir da crença de que o que se vê ou sente é real. **Edmund Husserl (1859-1938)** chamou essa crença de "fé originária", sem dúvida necessária para conseguir viver. A ideia por trás é que, assim como o quadro de um cachimbo não é um cachimbo, o que vejo com os meus olhos não é propriamente o real.

Vale lembrar, além disso, como a nossa percepção é construída historicamente. O filósofo e linguista alemão **Lazarus Geiger (1829-1870)**, a partir de uma extensa pesquisa, demonstrou como as civilizações antigas não reconheciam a cor azul. No Alcorão, nas versões mais antigas da Bíblia, ou nas escrituras hindus, o azul está ausente. Ou seja, em outras épocas, as pessoas percebiam a realidade com outras cores, pensamentos e palavras, o que mostra que a realidade ao redor de uma pessoa, em certa medida, é construída por ela mesma. Vale lembrar como artistas geniais, como o francês

Yves Klein, desenvolveram novas cores e, com isso, ampliaram as possibilidades perceptivas de nossa espécie. Se você não conhece o trabalho de Klein, convido-o a visitar o site dedicado ao artista: www.yvesklein.com.

Assim, podemos concluir que a maneira como eu penso ou percebo a realidade não se confunde acriticamente com a própria realidade, mas é mediada pela minha subjetividade e pela história — não fosse esse o caso, os homens de todas as épocas veriam as mesmas cores e teriam os mesmos sentimentos.

Se ainda não está claro, **Arthur Schopenhauer (1788--1860)**, em *O mundo como vontade e representação*, sintetizou bem essa ideia: *não vejo o sol, mas um olho que vê o sol; não sinto a terra, mas uma mão que toca a terra.* A consciência é sempre a consciência de algo, não existe o pensamento sem o objeto que é pensado. Há certa unidade entre o "eu" e o "mundo".

Outro exemplo intrigante: o camarão mantis, *Gonodactylus smithii*, possui um dos olhos mais complexos do reino animal. Ele é capaz de enxergar diversas cores invisíveis para os humanos. Esse crustáceo, sem dúvida, vive num mundo mais colorido. Seria esse mundo mais ou menos real do que o nosso?

PLATÃO E ARISTÓTELES: DUALISMO E MONISMO

Vamos, agora, a uma pergunta aparentemente simples: como se formou na mente humana, pela primeira vez, a ideia de uma árvore? Certamente, a maioria dos leitores dirá: pela visão de uma árvore, ou seja, por meio da experiência.

Entretanto, Platão nos fará desconfiar desse pensamento: como, pela primeira vez na história, alguém foi procurar saber o que é uma árvore antes mesmo de saber o que é uma árvore? Como, pela primeira vez na história, alguém foi procurar os padrões que distinguem a árvore de outros seres vivos antes mesmo de saber o que é um "ser vivo" ou mesmo um "padrão"? Nossa ideia de árvore, afinal, depende não apenas das sensações, mas também de alguém ter chamado nossa atenção para a existência e as particularidades desse vegetal de tronco lenhoso. Não é possível saber o que pensaríamos desse ser se as pessoas ao redor não tivessem nos contado algo sobre ele. Esse problema é o chamado *Paradoxo de Ménon*, exposto por Platão no diálogo que carrega esse nome: "Como procurar por algo, Sócrates, quando não se sabe pelo que se procura? Como propor investigações acerca de coisas as

IDEOLOGIA, IMPARCIALIDADE E SOTAQUE

A neutralidade, ou a imparcialidade, será sempre impossível no que diz respeito às coisas humanas: sempre estaremos condicionados pela nossa própria subjetividade, pelas nossas próprias ideologias, ainda que tenhamos dificuldade em perceber isso.

Um exemplo bastante simples desse pensamento: o sotaque. Muitos paulistanos, por exemplo (e eu me incluo aí), têm a terrível arrogância de acreditar ser isentos de qualquer sotaque, como se seu modo de falar fosse o "neutro", e os demais, "deturpados". Qualquer pessoa que viva fora desse cafezal, entretanto, sabe que eles têm, sim, uma maneira própria de falar e organizar os pensamentos.

Toda ideologia é como o sotaque: é difícil perceber a que se tem, mas é fácil reconhecer a do outro. Por isso é comum, cotidianamente, ver pessoas que dizem atuar "sem ideologia", reproduzindo diversas ideologias em seu comportamento. É como aquela piada que conta como, certa vez, a professora primária entrou em sala e disse: "Bom dia, crianças! Hoje teremos uma aula neutra, apartidária, sem ideologias, com a bênção de Deus e pela proteção da ordem e da família".

quais nem mesmo conhecemos? Ora, mesmo que viéssemos a depararmo-nos com elas, como saberíamos que são o que não conhecíamos?".

Em resumo: é impossível procurar por algo que não conhecemos; é impossível inquirir a respeito de coisas sobre as quais nada sabemos; é impossível fazer perguntas acerca de objetos totalmente desconhecidos para nós. Para que uma nova pergunta seja feita, é preciso que alguma resposta esteja sendo buscada.

Se todo pensamento parece supor um pensamento anterior, como, então, as ideias teriam surgido pela primeira vez em nossa mente?

Platão apresentou sua conhecida solução para esse impasse: "O que se chama investigar e aprender não é mais do que recordar". Em outras palavras, o conhecimento seria *inato*, anterior a toda experiência, e toda descoberta seria uma forma de reminiscência, de lembrança. O fato de uma pessoa escravizada, sem instrução formal, conseguir aprender um teorema matemático se tiver um bom professor, argumentava o filósofo, é uma prova do *inatismo*.

Por isso, para Platão, a realidade que vemos e sentimos (chamada de "mundo sensível" ou "mundo dos sentidos") não é a última e mais verdadeira, mas transitória e ilusória. Existiriam o mundo das ideias, uma realidade composta por ideias puras que seriam a base de todo o nosso conhecimento, e o mundo das formas, da experiência concreta. Assim, existiriam, por exemplo, a árvore ideal e o cachorro ideal que nos permitiriam conhecer todas as outras árvores e todos os outros cachorros que existem no mundo dos sentidos. Eis, em resumo, o *dualismo platônico*.

Contudo, se o mundo das sensações é o engano e a ilusão, como seria possível a nós, que nascemos absolutamente presos nele, ascender ao mundo da verdade? A resposta está na filosofia, que nos levaria à libertação dessas ilusões, à superação da experiência concreta, para que pudéssemos descobrir a verdadeira natureza das coisas em seu sentido eterno e imutável.

Mas cabe outra pergunta: mesmo que a verdade — o mundo das ideias — resida dentro de nós, se nascemos ignorantes, como, pela primeira vez, originou-se o conhecimento correto? Se os dois mundos, o mundo das ideias e o mundo das sensações, possuem uma "ponte" que os liga, é porque não são de fato dois mundos, certo? Esse é o chamado *parado-*

xo da relação, apresentado por Aristóteles, discípulo de Platão, em sua *Metafísica*.

Em Aristóteles, de maneira oposta a Platão, as sensações, longe de serem um mero engano, são a origem e a fonte última de todos os nossos conhecimentos. A culpa de nossos enganos não está nos sentidos, mas em seu uso inadequado pelo nosso intelecto — culpar os sentidos pelos nossos enganos seria agir como o aluno que não estudou para a prova e culpa o exame pelo seu fracasso. Não há duas, mas apenas uma substância que compõe o Ser (é o *monismo aristotélico*, em oposição ao dualismo platônico).

A DÚVIDA DE DESCARTES

Embora pareçam tratar da epistemologia, isto é, o estudo do conhecimento ("de onde ele vem, afinal?", perguntam Platão e Aristóteles), essas questões que acabamos de apresentar pertencem ainda ao âmbito da ontologia, isto é, o estudo da natureza do ser e da realidade.

A teoria do conhecimento somente começa a se definir de maneira autônoma na filosofia durante a primeira revolução da física — a de Galileu Galilei e de Isaac Newton, nos séculos XVI e XVII —, quando os filósofos deixam de lado as questões ontológicas para discutir o limite e as condições do conhecimento. Há um esboço disso em Descartes, que será problematizado por **David Hume (1711-1776)** e para o qual Kant tentará dar uma resposta na *Crítica da razão pura*.

No período de formação da ciência moderna, inspirados no ceticismo greco-romano, muitos pensadores passaram a enfatizar que todos os métodos científicos são falhos, incompletos e sujeitos ao erro. Para eles, diante da perplexidade que permeia todas as coisas, seria impossível para o homem conhecer o mundo real e fazer ciência de maneira segura. Montaigne, que contribuiu fortemente para a difusão do ceticismo no século XVI, costumava recorrer em seus textos a expressões do filósofo grego Sexto Empírico, como "pode ser e pode não ser", "a todo argumento pode-se opor outro argumento de mesma força" e "sem pender para nenhum lado".

Para combater o ceticismo, René Descartes utilizou uma estratégia interessantíssima: ele próprio agiu como o maior dos céticos e começou a duvidar de todas as coisas. Mas Descartes duvidou de tudo exatamente para encontrar verdades indubitáveis e seguras. Em outras palavras, a dúvida foi levada ao seu grau máximo para que ela mesma se despedaçasse nas próprias contradições. A chamada *dúvida metódica*, que procura aceitar como correto apenas aquilo que pode ser comprovado sem qualquer lacuna, é a maior contribuição de Descartes para o pensamento ocidental. Nela, o filósofo duvida:

1) Dos sentidos: se uma miopia ou má audição é suficiente para enganar qualquer indivíduo, por que devo acreditar que o que vejo, ouço ou toco é verdadeiro e não estou, na verdade, sendo enganado?

2) De que estamos mesmo acordados: se, quando estou sonhando, não consigo saber que realmente estou sonhando, o que garante que, naquele momento, não estou dormindo ou tendo alguma alucinação?

3) De que estamos sendo enganados: o que me garante que não há, agora mesmo, um demônio malévolo poderoso e astuto dedicando todas as suas energias a enganar os homens?

O pensamento de Descartes criou um impasse: como encontrar certezas irrefutáveis e uma maneira correta de edificar o conhecimento se o próprio pensador acredita que os filósofos devem duvidar sistematicamente de tudo o que se apresenta para eles? É nesse momento que nasce a famosa máxima cartesiana, o *argumento do cogito*: "*Cogito ergo sum*", "penso, logo sou".

Se, por um lado, Descartes acreditava que o ato de duvidar colocava em dúvida não apenas os sentidos, mas até mesmo a matemática, por outro, o pensamento e a existência seriam imunes à dúvida. Duvidar do pensamento é impossível, dado que duvidar é pensar — é impossível duvidar da dúvida. Uma vez que existe o pensamento, seria lógico, para Descartes, que existisse algo que pensa (*res cogitans*): "para pensar, é preciso ser". Mesmo a possibilidade de um Deus enganador pressupõe a existência de um ser pensante que esteja nas garras desse gênio. Em outras palavras, mesmo que estejamos enganados em tudo o que pensamos, para sermos enganados é preciso que estejamos aqui. Dessa forma, nosso pensamento e nossa existência seriam um ponto de partida inquestionável, uma certeza inabalável a partir da qual Descartes poderia edificar seu método filosófico:

> Tive que constatar que, embora eu quisesse pensar que tudo era falso, era preciso necessariamente que eu, que assim pensava, fosse alguma coisa. E, observando que essa verdade — "pen-

SÓ UM SONHO

Frequentemente, acordamos no sonho e continuamos sonhando. O aclamado filme *A origem*, dirigido por Christopher Nolan, aborda exatamente este aspecto: o que me garante que, neste momento, não estou em um desses estágios do sono?

Outro filme do mesmo diretor, *Amnésia*, aborda uma temática parecida: quando esquecemos algo, aquilo deixa de ser real para nós, e, a menos que aquele fato tenha alguma importância futura, nossa existência passa como se aquilo não tivesse acontecido. Logo, o que aconteceria se fôssemos seres eternos, mas, ao nascer, perdêssemos a memória?

so, logo sou" — era tão firme e sólida que nenhuma das mais extravagantes hipóteses dos céticos seria capaz de abalá-la, julguei que podia aceitá-la sem reservas como o princípio primeiro da filosofia que procurava.

O argumento, registrado no *Discurso sobre o método*, ainda hoje, é bastante discutido. Em contrapartida, o alemão Friedrich Nietzsche, em *Além do bem e do mal*, afirmava que o raciocínio cartesiano está equivocado: tudo o que ele prova é que o pensamento existe, mas nada garante que é a própria pessoa quem pensa. Haveria, em Descartes, um salto em falso do pensamento ao ser.

E, mesmo que o "penso, logo sou" de Descartes esteja correto, o problema que levantamos ainda não está resolvido. Se a única certeza do homem é o "eu", isto é, o seu pensamento e a sua existência, o que me garante que tudo o que penso não é uma criação de minha própria mente? O nome desse tipo de "viagem filosófica", que todos nós já experimentamos em algum momento da vida — em especial, na adolescência —, é solipsismo.

Descartes dizia que uma ideia só é válida quando clara e distinta, isto é, nítida o suficiente para ser diferenciada de outras. Para o filósofo, há três tipos de ideia em nossa mente: as *ideias inatas*, as quais não adquirimos por meio da experiência; as *ideias adventícias*, ou seja, que adquirimos pela experiência ao longo da vida; e as *ideias factícias ou da imaginação*, que criamos no interior da mente a partir das outras ideias. Se eu penso, por exemplo, em um dragão, ele é uma ideia da imaginação (infelizmente...), mas formado a partir de ideias adventícias como de um lagarto e de um pássaro.

Já a ideia de um Deus único e onipotente, que é a ideia de uma entidade perfeita, a respeito da qual não há nada maior, não pode ser adventícia, uma vez que não haveria nada no mundo concreto que correspondesse à ideia de perfeição.

Tampouco pode ser uma ideia da imaginação, uma vez que as partes que o compõem não possuem correspondentes na realidade. Deus, portanto, deve ser uma ideia inata.

Veja: se eu penso num triângulo, penso automaticamente em três ângulos que somam 180°, mesmo que eu não saiba disso — uma ideia (os graus) está contida na outra (o triângulo), e elas não podem ser separadas. Se eu penso em uma montanha, penso automaticamente em um vale, mesmo que eu não conheça a palavra "vale". Da mesma forma, se eu penso em um ser perfeito, está embutida nele a ideia de sua própria existência, pois existir é uma característica superior a não existir, mais próxima da perfeição. Se eu penso em Deus, portanto, Deus existe: a ideia de Deus seria a grande marca do criador em sua obra.

Para Descartes, a existência de Deus legitima a ciência: se eu existo e o Criador existe, o mundo externo também é uma realidade. Assim, se o mundo real não é uma criação de minha cabeça, o solipsismo estaria refutado e as ciências, legitimadas. Podemos até não concordar com todo o raciocínio cartesiano, mas isso não nos impede de nos maravilharmos com o seu gênio.

O CETICISMO DE DAVID HUME

A difusão das ciências deixou os filósofos mais ambiciosos: imagine compreender a mente com a mesma clareza e profundidade que Isaac Newton compreendeu o universo? Esse era o projeto do filósofo iluminista escocês David Hume. Para ele, entendendo o funcionamento da mente, todas as outras ciências se tornariam mais claras: é preciso tomar o interior do castelo para mais facilmente dominar suas bordas, dizia o filósofo. Com Hume, enfim o problema propriamente epistemológico é colocado em questão.

Podemos pensar em quatro momentos da mente: a sensação, a ideia, a memória e a imaginação. Para Hume, todo conhecimento principia com as sensações: "quando penetro mais intimamente naquilo que denomino *meu eu*, sempre deparo com uma ou outra percepção particular, de calor ou frio, luz ou sombra, amor ou ódio, dor ou prazer" (*Tratado da natureza humana*). Há sensações ou impressões mais simples, como "vermelho" ou "calor", e mais complexas, como "maçã". As ideias, por sua vez, seriam as imagens que fazemos dessas sensações, ao passo que as memórias seriam a reprodução das ideias. A imaginação combinaria e transporia ideias entre si e criaria relações entre elas.

Por exemplo, a mente observa, todos os dias, o sol nascer ou as maçãs caírem no chão. É uma regularidade que provém, como tudo, das sensações. A partir desse fato, a mente humana cria a noção de que há uma lei interna que rege os corpos celestes e, por isso, o sol nascerá todos os dias ou os corpos vão se atrair. Entretanto, argumenta Hume, o que existe é apenas uma observação da repetição desses fatos, de maneira que não há nada que explique o *porquê* de essas relações ocorrerem. A experiência nos mostra que um evento acompanha outro, mas não mostra qualquer relação concreta entre eles.

Em outras palavras, noções como "lei natural" ou "causa e efeito" não estão *na* natureza, mas são ideias da mente humana para *criar* alguma regularidade no mundo que nos cerca. Observando regularidades na natureza, o homem acreditou que existiam leis, do mesmo modo que, vendo um evento suceder-se ao outro, o homem inventou a relação de causa e efeito.

Hume, com isso, não está dizendo que o sol não nascerá amanhã, mas que o fundamento de nossas expectativas não está na razão, e sim no hábito, no costume e na repetição. Toda a ciência, portanto, é apenas probabilidade.

De todo modo, Hume concorda que a causalidade e a aceitação da existência do mundo ao redor são instintivas e necessárias (a "fé originária" de que falamos no início do capítulo): "qualquer que seja a opinião do leitor agora, daqui a uma hora ele estará persuadido de que existe tanto o mundo interno quanto o externo". Essa aceitação, porém, não é exatamente objetiva, mas próxima de um sentimento — por isso o termo "fé" é tão adequado.

OS ÓCULOS DE KANT

Os pensamentos de Hume são, sem dúvida, desconcertantes, e ele próprio passou por certo incômodo psíquico ocasionado por suas ideias. Ninguém menos que Immanuel Kant disse que Hume o fez "despertar de seu sono dogmático" e que se equivocam todos aqueles que procuram utilizar a razão sem antes pensar em seu próprio funcionamento.

UMA VIDA DE EXCESSOS

Se concordarmos com Hume, não é difícil reconhecer um grande problema dos dias atuais: dado que todo conhecimento vem das sensações, como lidar com o *excesso* de sensações e estímulos típicos de nossos dias? Vivemos em meio a um turbilhão de informações, e é humanamente impossível acompanhá-las (vale lembrar aqui a imagem de David Bowie no filme *O homem que caiu na Terra*, quando ele assiste a doze programas de televisão de uma só vez). De fato, esse excesso de informações pode prejudicar o conhecimento: são tantos os estímulos que tomam a mente que, ao fim das contas, somos incapazes de ter qualquer pensamento mais profundo.

Sobre isso, gostaria de compartilhar um ensinamento que me foi transmitido certa vez por um professor budista. Ele disse que, nos tempos modernos, precisamos cuidar de nossa mente da mesma forma que cuidamos de nosso estômago. Se comermos muitas coisas, se comermos muito rápido ou se comermos qualquer coisa (ou se fizermos os três ao mesmo tempo), nosso estômago responderá com azia, indigestão ou intoxicação alimentar. Da mesma maneira, se absorvermos muitas informações, se tentarmos absorvê-las muito rápido ou se jogarmos qualquer coisa na mente, isso nos trará desconfortos dos mais diversos tipos. É preciso, no século XXI, de uma espécie de higiene mental: precisamos escolher, com cuidado, o que vamos ler, ao que vamos assistir, qual site queremos acessar ou que pessoa queremos seguir nas redes sociais. Acho essa ideia bastante interessante.

Para a teoria do conhecimento, o que interessa não é a maior ou a menor quantidade de informação, mas a relevância dessa informação como evidência para corroborar ou refutar teorias. Informações incertas ou frágeis não são bem-vindas, quer cheguem em grande ou em pequena quantidade. Nesse caso, é melhor dizer que nada sabemos, como fazia o velho Sócrates e como praticaram os céticos gregos.

Por isso, em sua *Crítica da razão pura*, o filósofo prussiano se propõe a responder à pergunta: "O que posso conhecer?". Kant, assim, coloca a razão no próprio tribunal da razão, isto é, busca oferecer um mapa de nossas possibilidades de pensar, descobrir os conceitos e os princípios que tornam possível o pensamento.

É fato que conhecemos o mundo por meio de nossos sentidos; porém, para Kant, é ilusão acreditar que os sentidos mostram as coisas como elas realmente são. Segundo o filósofo, se a nossa própria razão não relacionasse tudo o que nos chega, receberíamos uma torrente inesgotável de informações desconexas. E já que nossa razão ordena o que aparece aos nossos sentidos, pensar não é receber informações dos sentidos. Pensar é uma atividade, um julgamento, uma construção, um trabalho.

E Kant vai além. Segundo ele, para pensar o real, o ser humano precisa do espaço: só pensamos o espaço de uma casa se estivermos dentro de um espaço maior que nos englobe (uma cidade, que está dentro de um planeta, que está inserido em uma galáxia, e assim por diante). E precisa também do tempo: só conseguimos pensar no universo de bilhões de anos se ele estiver dentro de um tempo maior que o englobe. Tudo o que o ser humano pensa, ele demanda adequar às intuições do tempo e do espaço. Logo, tudo o que for atemporal e aespacial, como a totalidade do universo e Deus, será incompreensível à razão humana.

Por exemplo, como você, pela primeira vez, descobriu que existe algo "fora de você" (isto é, o espaço) sem saber, anteriormente, o que significa "fora de você"? E voltamos ao paradoxo de Ménon... Tempo e espaço não são noções empíricas, não são apreendidas pela experiência. São condições para que sua mente possua algum conhecimento.

Para sermos didáticos, Nicholas Fearn, no livro *Aprendendo a filosofar em 25 lições*, utiliza a metáfora dos "óculos de

Kant", que corresponderiam a todas as propriedades da razão que são necessárias para obter o conhecimento.

Quando dou essa aula no ensino médio, meus alunos tendem para o individualismo e acreditam, de forma equivocada, que, para Kant, cada ser no universo vê a realidade à "sua própria maneira". Porém, se esse pensamento fosse verdadeiro, não conseguiríamos nos comunicar uns com os outros. Os "óculos" de Kant, portanto, são universais, comuns à espécie humana.

Se tudo o que pensamos adaptamos a esses óculos, a realidade em si, absoluta, independentemente das representações, é inalcançável. Kant chama a realidade em si de *numênica*, isto é, independente de nós e impossível de ser conhecida, e a realidade como nós conhecemos — uma representação — de *fenômeno*. Vivemos, assim, no mundo dos fenômenos: todo objeto que conhecemos é sempre *objeto para nós*, um objeto de nossa representação; para saber o que esse objeto é em si, seria necessário que eu pudesse, por assim dizer, "sair" de minha consciência, o que, até o momento, parece impossível.

Isso não significa que a capacidade do homem de compreender o mundo tenha caído em desgraça e que todo conhecimento se tornou obsoleto, mas apenas que nossos meios de conhecer o mundo não são ilimitados. Para Kant, é uma pretensão de nossa razão estabelecer conhecimentos seguros e objetivos, por exemplo, sobre Deus. Veja que Kant não contesta a existência de Deus, mas apenas rejeita a pretensão de demonstrar a sua existência por meio da razão. Isso não significa que não continuaremos pensando em coisas que somos incapazes de compreender. A razão humana é atormentada tanto por questões que ela não pode resolver como por aquilo que não pode rejeitar.

Podemos concluir que isto que você está lendo não é um livro, mas uma representação meticulosamente forjada por sua mente, a qual recebeu, na língua portuguesa, o nome de "livro". A realidade última e perfeita sobre tudo o que está em nossa frente é uma questão que vai além do que nossa mente é capaz de conhecer.

MINHAS INCONCLUSÕES

George Wilhelm Friedrich Hegel (1770-1831) ampliará fundamentalmente nossa perspectiva ao lembrar que o desenvolvimento de nossa consciência depende do outro: afinal, só me reconheço como eu a partir do enfrentamento, por assim dizer, com o outro. Para eu me reconhecer como professor, por exemplo, preciso de alunos. Para me reconhecer como autor, preciso de um leitor. Para me reconhecer como ator, preciso de um público. Já para eu me reconhecer como senhor, preciso de escravos. Para me tornar incluído, necessito dos excluídos, o que nos ajuda a entender (embora, nunca, justificar) o *bullying* ou as exclusões que aconteceram ao longo da história.

Toda consciência é produto de uma teia de relações com outros seres humanos, com a natureza e mesmo com a rede

OUTRAS PALAVRAS
Em 1966, o artista Luis Camnitzer publicou uma peça de arte intrigante. Em uma placa, lia-se *Isto é um espelho/Você é uma sentença escrita*. A obra de Camnitzer é feita para nos provocar e despertar questionamentos. As palavras que damos às coisas que compõem nossa realidade, longe de serem meros nomes, influenciam nossa compreensão. Portanto, se dermos outras palavras não apenas às coisas que nos cercam, mas também às coisas que nos compõem, estaríamos refazendo a nossa própria existência. É preciso *outras palavras*, já dizia Caetano Veloso.[3]

3 *Se você está gostando de minhas analogias entre filosofia e arte, recomendo o excelente livro de Charles Feitosa,* Explicando a filosofia com arte, *uma das minhas inspirações.*

de símbolos nas quais estamos imersos. Só me conheço, portanto, conhecendo também o que está fora de mim. É por isso que, em vez de única e atemporal, para Hegel, cada consciência é filha de seu tempo. Lembro-me de uma verdade proferida pelo grande historiador Marc Bloch, que os pais não devem esquecer: "Somos mais filhos de nosso tempo do que filhos de nossos pais".

Mais tarde, no século XX, o desenvolvimento científico levou a pensamentos muito profundos e especializados. A ciência era sacudida pela nova revolução trazida pela teoria da relatividade e pela mecânica quântica, e depois pelos progressos da biologia. Isso levou a uma nova concepção do conhecimento à luz dos desafios dessa área vibrante que era a física relativista e quântica. É a partir desse momento que questões importantes sobre o conhecimento se colocam na França (**Gaston Bachelard, 1884-1962; Georges Canguilhem, 1904-1995**), na Áustria (positivismo lógico, **Karl Popper, 1902-1994**) e na Grã-Bretanha (**Bertrand Russell, 1872-1970; Alfred J. Ayer, 1910-1989**) e teóricos das ciências vão desenvolver sua atividade nos Estados Unidos. Perceba que as questões relacionadas à teoria do conhecimento não são um divertimento filosófico. Elas surgem no século XVII como respostas teóricas aos avanços da física (tanto da mecânica quanto da cosmologia). A teoria do conhecimento é o esforço da filosofia de se colocar à altura de Galileu Galilei e Isaac Newton, de Albert Einstein, Werner Heisenberg e Erwin Schrödinger.

Mas vamos parar por aqui, acredito que já apresentei informações suficientes para o leitor refletir por um bom tempo e muitas sugestões de leitura para se aprofundar (aliás, aproveitando o momento, gostaria de sugerir dois manuais de história da filosofia que foram muito importantes para minha formação: *História da filosofia*, de Giovanni Reale, e *Iniciação à história da filosofia*, do professor Danilo Marcondes). Afinal, imagino que todas essas ideias podem ter lhe causado, a essa altura, um pouco de vertigem (e não tenha dúvida de que também senti certa tontura ao escrever este capítulo).

Depois desse mergulho, precisamos voltar à realidade. E, como uma rã grudada firmemente num canto alto da sala, é saudável que em nosso cotidiano — Kant e Hume não discordariam disso — nos apeguemos ao real e depositemos nele confiança (desculpe a comparação esdrúxula com a rã, mas uma delas invadiu meu quarto enquanto eu escrevia este capítulo, na cidade litorânea de Itanhaém).

Embora a metafísica ocupe uma grande parcela do pensamento filosófico, há áreas, digamos, mais práticas, que trabalham a partir desse apego ao real. Aristóteles chamava essas áreas de *práxis*, isto é, as áreas da filosofia ligadas à atividade e à ação. É o caso da ética e da política, que veremos a seguir.

3
OS TUBARÕES PODEM SER MAUS?

A ética não é uma fantasia mística — nem uma convenção social, nem um luxo subjetivo e dispensável a ser trocado ou descartado em qualquer emergência. A ética é uma necessidade objetiva e metafísica da sobrevivência do homem.

— AYN RAND, A VIRTUDE DO EGOÍSMO

ROUSSEAU E OS TUBARÕES

Imaginemos que uma jovem estudante chamada Paula estava em Jaboatão dos Guararapes, na praia de Piedade, próxima a Recife, aproveitando seu banho de mar. De repente, um tubarão cabeça-chata ataca a garota. Por sorte, embora ferida, ela sai viva (a salvação de Paula é uma informação irrelevante e nada muda em nossa história, então, ao menos neste espaço totalitariamente controlado pelo autor, podemos evitar os detalhes desnecessários sobre sangue e violência). Mas a comunidade fica furiosa e começa uma caça aos pobres peixes cartilaginosos.

Seria essa caça uma atividade eticamente aceitável? Muita gente logo a condenaria como irracional e despropositada. Para justificar a condenação, a maioria parafrasearia a famosa expressão bíblica: "pobres cabeças-chatas, não sabem o que fazem!".

Entretanto, se um homem adulto plenamente consciente e saudável atacasse a jovem, ninguém discordaria de que ele mereceria alguma forma de punição. Por que o tratamento é diferente para homens e tubarões? Por que os homens violentos são maus e os tubarões violentos são inocentes?

O filósofo suíço **Jean-Jacques Rousseau (1712-1778)** nos ajudará a responder essa questão. Em *Discurso sobre a origem da desigualdade*, Rousseau retomava a boa e velha pergunta: o que distingue os homens dos outros animais?

Desde a Grécia Antiga, para muitos a resposta era inequívoca: o homem é capaz de pensar. Para desmontar esse senso comum, Rousseau lembrava, por exemplo, das três crianças encontradas nas florestas da Lituânia em 1694, relatadas pelo filósofo **Étienne Bonnot de Condillac (1715-1780)**. Criadas por ursos, elas caminhavam com apoio dos pés e das mãos, emitiam sons que não se assemelhavam aos dos humanos e não desenvolveram nada que pudesse ser chamado de "razão". A história dos meninos-ursos (e tantas outras semelhantes) sugere que a razão, no ser humano, não vem naturalmente, mas apenas no contato com outros seres humanos, ou seja, na vida em sociedade.

A razão, portanto, não se desenvolve naturalmente, mas necessita do meio social. E o que o homem possuiria, afinal, de natural? No estado de natureza, tal qual pensado por Rousseau, o homem não seria muito diferente dos outros animais. A linguagem, como a razão, necessita de outros seres humanos para se desenvolver: para que eu associe a palavra "sapato" ao objeto que lhe corresponde, é necessário que mais de um ser humano faça essa associação. Se a linguagem é uma criação social, noções como "meu" e "seu", "rico" e "pobre", "certo" e "errado" ou "bom" e "mau" não fazem parte da natureza humana. No estado de natureza de Rousseau, portanto, não há propriedade, não há moralidade e não há ciúme. O único amor que o homem natural conhece é o amor físico, isto é, desprovido de quaisquer mediações subjetivas.

Os animais, acreditava Rousseau, podem ter alguma ideia de posse, que está relacionada à utilidade, como ocorre com o tigre que domina um determinado espaço. Mas a ideia de propriedade, ou seja, a ideia de que determinado bem é meu independentemente do uso e que deve ser passado aos meus descendentes, necessita de uma série de abstrações socialmente criadas para poder existir.

Sem desenvolver a linguagem, o homem não ensinaria seus progressos técnicos ou descobertas filosóficas aos filhos. Geração após geração, viveria e morreria de maneira muito semelhante, sem história

ESTADO DE NATUREZA
Quando Rousseau fala em "estado de natureza", não se refere, como muitos pensam, a um estado de natureza histórico, isto é, de algum passado distante, que antecedeu a formação das sociedades ditas civilizadas. A ideia de estado de natureza é na verdade um exercício de "antropologia negativa", isto é, uma especulação filosófica realizada a partir da seguinte pergunta: se retirarmos do homem tudo o que ele aprendeu ou adquiriu socialmente, a partir do contato com os outros seres humanos, o que lhe resta?

e sem progresso. Não conheceria a melancolia provocada pelo peso do passado, tampouco a angústia provocada pelo medo do futuro. O homem selvagem de Rousseau é amoral e, por isso, não é "bom" no sentido de "ser bondoso" ou de "fazer bondades". A palavra "bom" só pode ser corretamente atribuída a ele se utilizada no sentido de "inocência". A moral, para Rousseau, é uma criação social (a tão difundida ideia de "Bom Selvagem" é, portanto, uma interpretação sobre Rousseau, a qual eu julgo ser incorreta).

Mas voltemos à pergunta inicial: se o selvagem de Rousseau é tão próximo aos outros animais, o que distingue os homens do restante da natureza? Exatamente a *potencialidade* (nem sempre realizada) de sair do estado de natureza, de desenvolver a linguagem e a razão, de criar a sociedade e a civilização. Vamos explicar essa ideia a partir de um exemplo.

Uma raposa selvagem é um ser bastante saudável: todos os dias corre bastante e cultiva uma alimentação impecável, constituída de peixes, frutas, ovos e roedores. Uma raposa não pode, certo dia, parar de correr, andar de carro, assistir compulsivamente a seriados da Netflix, comer batata frita, hambúrguer e outras *junk foods* (a não ser, claro, que o ser humano interfira na natureza e obrigue a raposa a fazê-lo). Uma raposa não pode deixar de ser saudável, não pode ser senão aquilo que ela já é. Para Rousseau, isso significa que, ao contrário dos humanos, os outros animais não possuem liberdade, não possuem história, não vivenciam o progresso; eles estariam presos em sua natureza, entrincheirados em sua biologia, que os determina. Por isso, nunca chegaremos em casa e encontraremos nosso cachorro tendo uma crise existencial ou nos contando sobre a nova técnica de artesanato que ele aprendeu no YouTube. Ele vai pular, latir e abanar o rabo — agirá conforme sua natureza.

Só o ser humano, para Rousseau, pode sair do *estado de natureza*. Em outras palavras, só o ser humano, se desejar, pode fazer o contrário do que sua estrutura físico-química ordena que ele faça. As aves não são livres, pois elas não podem fazer nada além de voar; o ser humano, podendo negar o que a própria natureza lhe diz para fazer, é dotado de liberdade. Rousseau chamava isso de *perfectibilidade*. Mas cuidado: não se deixe enganar pela palavra "perfeição". Se, por um lado, só o ser humano pode ter vontade de roubar ou matar e, mesmo assim, não fazê-lo (ou seja, só o ser humano pode ser bom), por outro, só o ser humano pode ter consciência de como a violência contra o próximo é cruel e, mesmo assim, praticá-la. Só o ser humano pode ter consciência de como a fome e a pobreza são opressivas e, mesmo assim, escolher não se importar com elas. Em resumo: só o homem pode ser sábio ou imbecil, bom ou mau. A moral é uma exclusividade humana. Como a sabedoria popular já dizia: "Do ser humano podemos esperar sempre o pior e o melhor". Nas palavras de Rousseau, o que distingue o homem do animal:

> [...] é a faculdade de se aperfeiçoar, a qual, com o auxílio das circunstâncias, desenvolve sucessivamente todas as outras e reside, entre nós, tanto na espécie como no indivíduo, ao passo que um animal é, no fim de alguns meses, o que será toda a vida, e sua espécie, ao cabo de mil anos, o que era no primeiro desses mil anos.

KANT E OS TUBARÕES

A partir das teses de Rousseau, o filósofo prussiano Immanuel Kant dirá: o pressuposto para a moralidade é a autonomia da vontade. Isto é: para alguém ser considerado bom ou mau, é necessário que possua a liberdade de não ser bom ou não ser mau. Se eu sou obrigado a praticar uma boa ação, não sou uma pessoa verdadeiramente boa — nesse caso, não tenho outra opção, a não ser a bondade. Em contrapartida, se eu matar em legítima defesa, não estarei cometendo um crime: por mais que o assassinato seja um crime, presume-se que, nesse caso, não havia outra opção a não ser matar o agressor para proteger a minha vida. Da mesma maneira, se um criminoso é alguém incapaz de decidir pelos seus atos, conclui-se que seu caso não é da alçada da polícia, mas da psiquiatria — não é uma questão de punição, mas de tratamento.

Kant costuma ser lembrado como alguém que possuía uma vida regrada, pacata e disciplinada: acordava infalivelmente às cinco horas da manhã, tomava chá, fumava um cachimbo, lia e escrevia até às sete horas, saía para dar aulas e voltava para casa, quando trabalhava até uma hora da tarde.

Seguiam-se o almoço e uma caminhada na rua hoje conhecida como "Passeio do Filósofo". O passeio era tão pontual que, reza a lenda, os vizinhos ajustavam seus relógios a partir de Kant. As duas vezes em que ele atrasou seu passeio são memoráveis: uma foi ocasionada pelas notícias da Revolução Francesa (1789-1799) e outra pela leitura da obra *Do contrato social*, de Rousseau.

Essa observação é muito significativa, pois Kant parte das noções rousseaunianas de oposição entre natureza e liberdade para postular que a moral é uma criação da liberdade humana, e não algo derivado da natureza. Os deveres morais, por isso, são imposições (imperativos) de nossa vontade sobre nossa natureza. Para agir moralmente é preciso um esforço, que frequentemente implica violentar os próprios desejos, a própria natureza (e só o ser humano, como vimos, pode fazer isso), em prol da coexistência pacífica dos seres humanos (sobre esse assunto, recomendo o livro *Kant: uma leitura das três "Críticas"*, de Luc Ferry, texto importante para a confecção deste e do próximo capítulo).

Por isso, de acordo com a visão de Rousseau e de Kant, os tubarões não podem ser maus, pois não podem reprimir o desejo de abocanhar a carne humana. Quando chamamos os tubarões de maus, imputamos a eles qualidades e características humanas, projetamos neles nossos próprios terrores. O ser humano, se estiver com as suas faculdades mentais em bom funcionamento, pode sentir vontade de agredir outra pessoa e, mesmo assim, não o fazer, por entender que isso é errado. Isso não acontece com o tubarão.

SPIELBERG, TUBARÕES E O INCONSCIENTE

Há quem diga que o nosso medo injustificado em relação a esses grandes peixes tem um culpado: o cineasta norte-americano Steven Spielberg. Em 1975, o renomado diretor lançou o clássico *Tubarão*. No original, em inglês, o filme chama-se *Jaws*, isto é, "mandíbulas", o que deixa mais clara a intenção de criar em nós algum tipo de terror. No filme, o policial Martin Brody (Roy Scheider), da cidade de Amity Island, vive em uma atmosfera de suspense devido ao ataque da terrível fera aquática. Logo no início da história, a bela Chrissie nada nua de madrugada. À luz da lua, ela começa a gritar e é tragada para o interior do oceano. Não há nenhuma imagem do tubarão. Para o cinema, claro, o melhor é que não apareça a imagem do animal: nossa mente encarrega-se sempre de criar um terror maior do que qualquer imagem poderia proporcionar. Não é à toa que desde a estreia do filme não poucas crianças (e adultos) sentem certo frio na espinha ao nadar sem conseguir enxergar o que está no fundo do oceano.

Nada mais misterioso, afinal, do que o oceano, que está tão próximo de nós e ainda assim nos é, em sua maior parte, desconhecido. Enquanto o espaço sideral é um desconhecido distante, o oceano será sempre o desconhecido que mora ao lado.

Não por acaso, no seu documentário *Guia pervertido da ideologia*, o filósofo esloveno **Slavoj Žižek (1949-)** compara o tubarão do filme do Spielberg aos nossos diversos medos contemporâneos. Spielberg (e Žižek) entendeu bem que nossas projeções são demônios mais terríveis do que as mais assustadoras criaturas que a tecnologia poderia criar. Por isso, o pavor causado pelo escuro, pelo mar, pelo silêncio ou pelo vazio — todos eles grandes espaços, justificadamente ou não, preenchidos pelas nossas infinitas projeções — será sempre maior do que o medo de uma criatura ou de outra.

Nas últimas décadas, intencionalmente ou não, vários ditadores e líderes autoritários souberam manipular o inconsciente coletivo, fomentando o medo de um inimigo específico imaginário (o comunista, o terrorista, o imigrante, o islâmico, o criminoso) para, depois, oferecer-se como aquele que salvará a pátria desse suposto inimigo.

Mas o oceano consegue ser ainda mais aterrorizante, pois, se conseguimos imaginar a figura de um inimigo humano, o oceano escuro pode conter criaturas impensáveis. O oceano de Spielberg, próximo e profundo, fantástico e terrível, é, afinal, nossa própria mente.

TUBARÕES FILÓSOFOS E HOMENS MÁQUINAS

Podemos, então, concluir nosso julgamento e considerar inocentes os peixes cartilaginosos? Não sejamos apressados. Hoje, alguns pesquisadores sugerem algo diferente de Rousseau e Kant. Para eles, pode ser falsa a noção de que os tubarões famintos nos atacam por nos confundirem com focas ou outros animais suculentos. Os tubarões — cujo olfato seria desenvolvido o suficiente para saber nos distinguir de focas — nos atacariam por curiosidade, alguns sugerem. Mas tubarões podem sentir curiosidade? A curiosidade consiste em desejar conhecer o desconhecido, experimentar o novo, explorar o insólito, bisbilhotar o incomum. Se os tubarões forem curiosos, então seriam eles, como nós, seres descontentes com o seu lugar na natureza? Se o tubarão pudesse agir de outra forma, mas atacou Paula por livre e espontânea vontade, ele poderia ser punido?

E quanto aos homens? Será que somos livres para agir de diferentes formas? Há quem diga que não, que não passamos de máquinas. De acordo com esse ponto de vista, o ser humano, na verdade, não é dono de sua vontade, de forma que as decisões são tomadas pelo cérebro frações de segundo *antes* de despontarem em sua consciência. Seríamos, portanto, nada além de autômatos, determinados pelo que eu chamaria de componentes físico-químicos. Se isso for verdade, o ser humano não possui liberdade de escolha. Desse ponto de vista, nenhum bandido poderia ser culpado pelas suas ações, já que, determinado por sua biologia, ele não poderia agir de modo diferente.

O problema filosófico que permeia esses questionamentos é: será que, como pensaram Kant e Rousseau, natureza e liberdade são mesmo opostas e excludentes? Em outras palavras, será que todos os seres da natureza são determinados pela sua estrutura biológica (e, por isso, não são livres)? Ou, pelo contrário, será que homens, tubarões e cães podem escolher o que querem para si?

Só pode existir moralidade, argumentava Kant, se houver liberdade. Mas, independentemente de sermos determinados por nossos componentes fisiológicos ou não, a moralidade — como dito na bela citação de **Ayn Rand (1905-1982)** que abre este capítulo — é absolutamente necessária para nossa existência social. A maioria dos seres sensatos concordará que, mesmo se não tivéssemos real liberdade, ainda assim precisaríamos de um mínimo de regras para conseguirmos conviver. Em resumo, mesmo que o determinismo fosse real, deveríamos viver como se não fosse. Pois, de novo, não há existência humana possível sem a filosofia moral (a essa altura, espero já ter convencido o leitor sobre a importância da filosofia para nossa vida).

Mas ainda há outra posição possível: há quem defenda que, embora os animais tenham algum grau de consciência e liberdade, o tubarão não está errado em atacar a jovem Paula, pois ela estaria invadindo seu espaço. Se um cabeça-chata aprendesse a andar e entrasse em minha casa para se divertir esta noite (uma situação apavorante e um pouco engraçada), ninguém discordaria que eu teria o direito de me defender. Nesse sentido, Paula estaria invadindo o território do tubarão e, por isso, estaria errada — o respeito ao espaço dos peixes seria nessa perspectiva uma possível regra moral, construída para a boa convivência entre os homens e os outros animais.

Em princípio, parece-me uma ótima ideia pensarmos em algumas regras de respeito mútuo entre diferentes formas de vida. Mas, se admitirmos isso como verdade, novos problemas surgem: os animais podem ter direitos, como o "direito à vida"? Estaríamos projetando as nossas próprias noções de propriedade sobre os peixes? Afinal, nas relações inquietantes dos animais aquáticos entre si não existe um espaço delimitado para cada um.

Não nos alonguemos por aqui, por ora quero deixar que você respire um pouco. Vamos responder a essas perguntas no próximo capítulo.

4
KANT, DIREITOS DOS ANIMAIS E CONSUMO DE CARNE
NATUREZA BOA, NATUREZA MÁ

Ser filósofo não é simplesmente ter pensamentos sutis, nem mesmo fundar uma escola, mas amar a sabedoria a ponto de viver de acordo com seus ditames, uma vida de simplicidade, independência, generosidade e confiança.

— HENRY DAVID THOREAU, *WALDEN*

Tente, hoje, entrar em qualquer roda de conversa e dizer que você é vegetariano ou vegano. É muito provável que, imediatamente, alguém comece compulsivamente a argumentar com você (sem ser chamado à discussão, claro): "Mas como você não come carne se na natureza tantos animais comem carne? Sua natureza manda você comer carne. Se você não come, você odeia a sua própria natureza. E o anel de coquinho que você usa foi feito por uma indústria que vinte anos atrás produziu uma roupa feita com peles de animais — como fica a sua coerência? Por que você se importa com os animais se há tantas crianças morrendo na África?". Eu mesmo lembro de um colega de trabalho que, acreditando, num raciocínio estranho, que todos os professores de filosofia são veganos, me provocou, abrindo no celular a imagem de um cordeiro assado: "Eu como carne! Eu amo carne!".

É bastante curioso como uma atitude tão simples e inocente como não comer carne pode despertar no homem carnívoro uma tremenda vontade de se autoafirmar como o topo da cadeia alimentar por praticar o viril ato de uma passadinha no açougue ao fim da tarde (colegas meus que andam de bicicleta também enfrentam hostilidade semelhante praticada pelos orgulhosos pagadores de consórcio). Mas esse ponto da questão eu deixo para os psicanalistas resolverem. O problema aqui — retomando as discussões do capítulo anterior — é que eu, professor de filosofia há mais de uma década, já fui mais de uma vez interpelado sobre a questão da vida natural e do vegetarianismo (e do veganismo, embora, neste capítulo, não explorarei em detalhes as várias divergências e possibilidades nesse campo). Gosto do tema e, se me permitirem, vou proferir algumas palavras a esse respeito.

UM PRELÚDIO NECESSÁRIO: POR QUE OS HUMANOS TÊM DIREITOS? POR QUE SOMOS IGUAIS?

Uma das ideias mais estranhas para a maioria dos povos ao longo da história é a de igualdade e de direito à vida. Se voltássemos, por exemplo, à Grécia Antiga ou ao Brasil Colonial e disséssemos algo hoje óbvio como "as mulheres devem votar", é provável que quase todas as pessoas — até mesmo mulheres — nos estranhassem. Da mesma maneira que para nós hoje é obvio que um bebê não deve votar, para as pessoas de outras épocas uma mulher — vista naquela época como um ser desprovido de razão e bom senso — deveria ter uma vida restrita ao espaço privado. O espaço público, o espaço da razão e da discussão, era visto como masculino.

Da mesma forma, se naquela época disséssemos para um romano que um prisioneiro de guerra não merecia ser escravo, talvez o próprio escravizado achasse estranho. Não existia, no mundo antigo, a possibilidade de uma revolução social que acabasse com a escravidão, destruísse a desigualdade ou colocasse, de modo permanente, "os ricos no lugar dos pobres". Embora o seriado *Spartacus*, de 2010, criado por Steven S. DeKnight, retrate uma revolta de gladiadores que buscavam abolir a escravidão, na realidade os historiadores acreditam que provavelmente eles apenas tentavam fugir para a Trácia, sua região de origem.

Mesmo grandes pensadores antigos, como é o caso de Aristóteles, acreditavam que nada era mais natural do que a própria desigualdade. Para ele, o universo (em grego, *kósmos*) era um todo ordenado e hierarquizado. Cada corpo desse universo teria um lugar bem definido, correspondente à sua função. A força que nós chamamos de gravidade seria uma atração que os corpos sofrem para o lugar em que eles devem naturalmente estar. Se a natureza é desigual e hierarquizada, nada mais correto do que a sociedade também ser desigual — a igualdade, para Aristóteles, é absolutamente injusta, uma vez que há seres melhores e piores.

Portanto, não é incoerente que muitos gregos acreditassem na existência de uma aristocracia, ideia baseada na noção de que existem seres humanos naturalmente melhores do que os outros. Não é algo inesperado (apesar de, do nosso ponto de vista, ser algo terrível) que Aristóteles afirme que a escravidão seja necessária ou que a mulher se assemelhe a um homem mutilado e, por isso, seja naturalmente inferior.

Mas, antes que o leitor nutra um ódio profundo por nossos antepassados gregos, é importante lembrar que a experiência de democracia trazida por eles — experiência da qual somos herdeiros até hoje — é inaugural e fundamental para a história política do Ocidente. Se é esquisito pensar que mulheres, escravos e estrangeiros não eram reconhecidos como cidadãos, não podemos deixar de notar que, antes da democracia, era só um pequeno grupo que decidia os rumos da cidade. A experiência democrática grega é, portanto, um momento de conquista de igualdade. A própria ideia de isonomia, da lei que é a mesma para todos os homens, vem daí.

Agora, voltando à pergunta que abriu o capítulo, se, para nós hoje, que felizmente reconhecemos a igualdade entre todos os seres humanos, ainda há seres superiores e inferiores na natureza, não há problema ético algum em comermos carne.

Ocorre que, a partir do século XIV, no que aqui no Brasil chamamos de Idade Moderna, muitas transformações econômicas, científicas e ideológicas nos fizeram gradualmente questionar essas construções que perduraram por tantos séculos.

Em primeiro lugar, no mundo antigo, era frequente a carência de comida e recursos em geral. Por isso, para existir um grupo dedicado à vida intelectual — uma elite —, havia a necessidade de expropriar o trabalho ou a comida do outro — e era assim que muitos pensadores gregos justificavam a escravidão ou a aristocracia. Hoje, as revoluções tecnológicas e as transformações político-sociais criaram uma sociedade de abundância, na qual há muito mais comida do que necessitamos (os dados sobre desperdício de comida são sempre espantosos). Não há mais a necessidade de uma "elite" monopolizar os recursos para se desenvolver intelectualmente. Pelo contrário, a abundância criou a *possibilidade* (leia-se bem, possibilidade) de um acesso universal aos bens e produtos de nossa civilização. Com isso, torna-se possível a ideia de que todos são iguais e merecem, no mínimo, acesso a moradia, educação, saúde e alimentação de qualidade. Enxergar tudo isso como direitos (alimentação, moradia, saúde) seria impensável num contexto de escassez e baixo desenvolvimento técnico.

Contudo, não foram apenas as condições econômico-sociais que possibilitaram a emergência da ideia de igualdade. As questões políticas e ideológicas desenvolveram-se em paralelo. No século XVIII, os filósofos chamados iluministas — em especial, aqueles hoje denominados de "radicais" (segundo distinção proposta pelo professor de Princeton Jonathan Israel), como **Thomas Paine (1737-1809)**, **William Godwin (1756-1836)** e **Mary Wollstonecraft (1759-1797)** — advogaram em prol da noção de que todos nascem com certa quantidade de direitos inalienáveis, tais como liberdade, igualdade perante a lei, propriedade privada e busca da felicidade. Se os filósofos mais moderados, como **John Locke (1632-1704)** e **Voltaire (1694-1778)**, ainda defendiam as desigualdades entre negros e brancos ou homens e mulheres, esses radicais já no século XVIII defendiam a abolição da escravidão das pessoas negras e a igualdade de oportunidades para as mulheres. Durante a Revolução Norte-Americana (1776), Thomas Jefferson clarifica em sua Declaração de Independência: "consideramos [...] que todos os homens são criados iguais, dotados pelo Criador de certos direitos inalienáveis, que entre estes estão a vida, a liberdade e a procura da felicidade". Durante a Revolução Francesa, a Declaração de Direitos do Homem e do Cidadão, de forma bastante semelhante, assim coloca: "Art. 1.º Os homens nascem e são livres e iguais em direitos. As distinções sociais só podem fundamentar-se na utilidade comum. Art. 2.º A finalidade de toda associação política é a conservação dos direitos naturais e imprescritíveis do homem. Esses direitos são a liberdade, a propriedade, a segurança e a resistência à opressão".

Portanto, ideias que para nós parecem evidentes, como a de que todo ser humano merece viver e de que todos devem ser iguais diante da lei, são extremamente novas na história (e, diga-se de passagem, longe de serem aplicadas na prática, embora garantidas na maioria das Constituições do mundo). Hoje, quando buscamos o acesso de todos à educação básica, quando acreditamos que homens e mulheres devem receber o mesmo salário se executam o mesmo trabalho ou quando pensamos ser injusto que pessoas competentes não consigam uma vaga de emprego por sua orientação sexual, estamos lutando por *igualdade*, que é a mesma ideia que ganhou relevo com os pensadores ilustrados.

É certo que os iluministas do século XVIII, com exceção dos "radicais", não pensavam em igualdade salarial de gênero ou discriminação por orientação sexual (o próprio Thomas Jefferson, embora se declarasse contrário à escravidão, estava sempre acompanhado de seus escravos Jesse, Jupiter e Richard). Contudo, foi com eles que a ideia moderna de igualdade ganhou relevo pela primeira vez, de forma que, nos séculos seguintes, outros pensadores ampliassem sua extensão e qualidade. Por isso acredito que o filósofo **Alexis de Tocqueville (1805-1859)** está correto quando diz que a pulsão pela igualdade é a principal característica das sociedades democráticas. Tocqueville fala sobre o assunto com conhecimento de causa, já que vem de uma família de aristocratas que sofreram com o terror jacobino (1793-1794), breve período da Revolução Francesa em que ocorreram muitos massacres acompanhados por fundamentais inovações sociais, como a educação universal e a aposentadoria pública. Como trataremos no capítulo 6, "Sobre a maldade dos homens de bem, a banalidade do mal e a profundidade do bem", essa noção de igualdade, para Tocqueville, tem repercussões positivas e negativas.

A criação das noções de igualdade e do direito à vida no plano humano representa um passo fundamental para pensarmos essa possibilidade também no âmbito dos outros animais. E foi por isso mesmo que, nos séculos XIX, XX e XXI, surgiram pensadores que buscaram estender a noção de igualdade e direitos também à natureza.

É verdade que, no século XVIII, foram poucos os iluministas que pensaram nos animais, mas nem por isso deixam de merecer destaque. Thomas Paine, um dos mais radicais dentre os iluministas, foi um dos primeiros a atuar nesse sentido, no avassalador panfleto *A idade da razão*, no qual disse que "cada coisa persecutória e vingativa entre os homens, e cada atitude cruel aos animais, é uma violação do dever moral". Embora não fosse vegetariano ou vegano, ele acreditava que era dever dos homens causar o mínimo de sofrimento possível aos outros animais.

Alguns iluministas, muitos dos quais discípulos de Paine, foram ainda mais radicais. O excêntrico viajante inglês **John**

Stewart (1747-1822) (mais conhecido como Walking Stewart, por ter literalmente caminhado da Índia até a Europa) dizia que nossos átomos guardam memórias de nossas dores e amores. Uma vez que a consciência individual não sobrevive após a morte, as partículas que nos constituem perpetuariam a memória de nossas sensações. E mais: como os átomos de todas as criaturas estariam em constante movimento e interconexão, a violência que provocamos também nos afetaria. Quando nos alimentamos de um porco, absorvemos a dor que foi nele infligida no matadouro; quando batemos em um cavalo, o cavaleiro sofre também. Para Stewart, nossa relação com uma mera folha requer cuidado.

A implicação desses pensamentos é clara: para o filósofo, quando frequentamos matadouros ou usamos o chicote, estamos infligindo dor em nossa própria existência. Sua concepção iluminista radical previa igualdade entre todos os seres e defendia uma vida permeada por um vigilante esforço para evitar atos de violência em nosso cotidiano. Após testemunhar a terrível violência na França Jacobina, dirigiu-se aos Estados Unidos, onde publicou, em 1796, *The Revelation of Nature, with the Prophesy of Reason* [A revelação da natureza, com a profecia da razão]. O conhecimento dessas particularidades da matéria, para ele, nos induziria a uma benevolência universal.

Mas cabe lembrar como a emergência da ciência moderna também teve um papel fundamental no desmonte das antigas visões de mundo. Galileu Galilei, um dos principais nomes da chamada Revolução Científica (XVI-XVII), zombava daqueles que buscavam falar em "superioridade" ou "inferioridade" na natureza, que, para ele, não pode ser compreendida por termos e conceitos metafísicos humanos. Galileu defendia que a natureza tinha uma linguagem própria, universal e única: a matemática. Mais do que isso, Galileu reafirmava as teses de outro cientista, Nicolau Copérnico: o homem não está no centro do universo.

O astrônomo Isaac Newton dá um passo além e defende que o universo não é um modelo a ser contemplado ou imitado, mas sim uma máquina que funciona de maneira autônoma, regida por leis matemáticas imutáveis e, portanto, neutra de um ponto de vista moral. Isso porque, ainda que se possa argumentar que o cosmo nos inspire sentimentos como a consciência de nossa humildade, a ideia do sublime ou a noção de transitoriedade, é muito difícil sustentar que a explosão de uma estrela ou um buraco negro são fenômenos "bons" ou "maus."

A ciência moderna, ao mesmo tempo que valoriza a razão humana, paradoxalmente reforça a posição segundo a qual não estamos num lugar privilegiado do universo. **Giordano Bruno (1548-1600)**, outro nome da Revolução Científica, chegou a defender a tese de que o universo era imenso, composto por uma infinidade de mundos semelhantes ao nosso e povoado por incontáveis outras criaturas sensíveis. O universo, infinito, não possuiria centro algum. Na época, essas ideias eram consideradas absurdas, e Bruno foi condenado pela Inquisição à morte na fogueira, em 1600.

Por fim, a noção de seleção natural de Charles Darwin reafirmará que, assim como não estamos no centro do cosmo, não ocupamos um lugar especial na natureza: passamos pelo mesmo processo de seleção natural que as minhocas e os lagartos. Não somos um ser externo a toda natureza, mas parte dela. É um equívoco falar, como por vezes fazem alguns políticos despreparados, em "destruir a natureza pelo bem dos homens". Se o homem também é natureza, destruir a natureza implica destruirmos a nós mesmos. Lembremos que, no caso de haver uma poluição total, que destrua o planeta, as possibilidades de reconstrução da Terra são muito mais prováveis do que a possibilidade de sobrevivência de nossa espécie.

Bem, apenas com todas essas mudanças na mentalidade, tornou-se possível pensar que, talvez, uma vaquinha ou um carneiro também tenha direito à vida. Se, como mostraram os iluministas, os seres humanos nascem com direitos e, como revelaram Darwin e Newton, somos animais como os demais e não ocupamos um lugar privilegiado no universo, o ato de comer um bife acebolado não seria tão diferente de assar nosso vizinho barulhento e comê-lo com aspargos.

Mas será mesmo? Sendo natural que muitos animais comam uns aos outros, não haveria nada de errado em comer uma costela suculenta, muitos sustentariam. E mais: o ser humano, animal racional e livre, não seria radicalmente diferente dos outros animais?

DEVEMOS COMER CARNE PORQUE É NATURAL?

Este é o momento de recuperarmos a reflexão de Kant do capítulo anterior. Para Kant, como vimos, é impossível pensar numa natureza "boa" ou "má": um tigre, ao atacar um casal de trilheiros que estavam escalando uma montanha, não pode pensar se o que ele está fazendo é correto ou não. Portanto, ele não pode ser tido como um ser moral ou imoral. Sem liberdade para deliberar sobre suas ações, a natureza não pode ser julgada moralmente — ela é o que é, simplesmente, e não pode ser outra coisa. Para uma ação ser julgada como má, seria preciso que ela pudesse não ser realizada.

Para Kant, portanto, é impossível criar uma moral a partir da natureza, porque toda ação ética deve ser ancorada na livre vontade dos homens: a nossa razão se impõe sobre a nossa natureza e nos diz o que fazer ou não, de modo independente de nossos impulsos animalescos. Diferentemente da do tigre, a nossa razão, entendendo o que é melhor para os outros e para nós, é capaz de se impor sobre nossos desejos e vontades. Por isso, na espécie humana, a razão pode se impor sob a forma de um imperativo, isto é, de um dever (a deontologia,

WILDERNESS

São muitos, ao longo da história, os que enxergam a natureza como o lugar da bondade, da descoberta e da plenitude. Durante a formação dos Estados Unidos, foi criada uma narrativa interessante a esse respeito: a ideia de *wilderness*. O verbo *to wilder* significa "perturbar" ou "tornar-se perplexo". O sufixo *—ness* indica qualidade. *Wilderness*, por isso, geralmente é traduzida como: "deserto, ermo, sertão, solidão; região oculta, vastidão, imensidão, multidão, miscelânea". Em nosso caso, o sentido está relacionado com os locais que produzem determinados sentimentos e sensações no homem. Durante a Guerra Fria (1947-1991), a palavra foi usada para falar sobre a Lua, um lugar desolado. Nas cidades, fala-se em *urban wilderness* para referir-se ao sentimento de solidão e desorientação em meio à multidão.

Os grandes escritores **Ralph Waldo Emerson (1832-1882)**, **Henry David Thoreau (1817-1862)** e **Jack London (1876-1916)**, bem como os pintores da Escola do Rio Hudson Thomas Cole, Asher Durand, Alfred Bierstadt e Frederic Edwin Church, apontavam o *wilderness* como o lugar da natureza que nos fornece contemplação, revelação e o encontro com o divino. Essa natureza seria o lugar da catarse, da contemplação, da revelação, do *insight*. Thoreau refugiou-se próximo ao lago Walden, em Massachusetts, Estados Unidos, no qual levou uma vida solitária por dois anos, em contato profundo com a natureza, e assim tornou-se um homem mais cônscio de si mesmo. Jack London representou a natureza de regiões geladas, como o Alasca, e as enfrentou pessoalmente, buscando força física e determinação. Mesmo nos dias de hoje, quando fazemos trilhas em montanhas ou parques, frequentemente encontramos pessoas meditando ou mesmo buscando o êxtase religioso. Foi graças a esses autores, aliás, que os Estados Unidos estabeleceram, em 1872, o Parque Nacional de Yellowstone — entre os estados de Wyoming, Montana e Idaho —, que pavimentou o caminho para a confirmação de outros, como o Parque Nacional de Yosemite, na Califórnia, criado em 1890.[1]

O filme *Na natureza selvagem* (2008), de Sean Penn, dedicou-se ao tema do *wilderness*, fascinando o mundo inteiro. Na película, baseada em uma história real, Christopher McCandless, nascido em berço de ouro, depois de se formar na reconhecida Universidade Emory, toma uma decisão inusitada: doar suas economias e viajar para o Alasca. Não vou dar *spoilers*, porque vale a pena assistir ao filme. Mas adianto que a experiência de Christopher será bem diferente daquela de Thoreau em Walden.

---

[1] *Sobre isso, ver o livro de Mary Anne Junqueira:* Estados Unidos: Estado nacional e narrativa da nação *(1776-1900)*.

ramo da ética ao qual associamos Kant, significa "ciência do dever e da obrigação").

Pensemos num exemplo bastante simples. Quando eu era criança, adorava aqueles sucos que eram vendidos dentro de uma garrafa plástica em formato de revólver (agora me dei conta de como esse produto era estranho e fico imaginando como foi o momento em que alguém teve a ideia de vender esse tipo de coisa). Após me deliciar com aquela explosão de açúcar, eu jogava o plástico na rua para me livrar de toda aquela sujeira.

Minha mãe, então, acertadamente me reprimia: "Não faça isso!". E eu, contemplando toda a imundice do rio Tietê, respondia: "Mas é só um plástico pequeno, que diferença vai fazer se eu jogar no chão?". E eis que ela, sem saber, recorria a Kant: "Se todo mundo jogasse esse plástico no chão, o mundo seria terrível, não acha?".

Nesse exemplo reside a essência da moral kantiana. Primeiro, para eu fazer o que é correto, é preciso um esforço: meu desejo claramente é me livrar logo da sujeira, mas, sabendo que jogar lixo no chão é errado, devo violentar meus próprios desejos para agir da maneira correta. É a minha razão que mostra meu dever.

Segundo, para saber se uma ação é correta, o princípio que a rege deve ser universalizável, categórico: se todos agirem como eu, preocupando-se apenas em se livrar da sujeira independentemente das consequências, o mundo seria claramente terrível. Por isso, para Kant, a ideia de que "os fins justificam os meios" é absolutamente equivocada: se todos agirem de acordo com essa ideia, certamente cairíamos na guerra de todos contra todos. Aliás, como é possível dizer que meus atos criminosos são justificados pelas finalidades boas se quase nunca temos controle sobre as consequências de nossas ações? Como todos os seres humanos são iguais em dignidade, não posso utilizar alguém como um meio para atingir meus propósitos. A noção de "matar ou violentar pessoas" em prol de um futuro melhor, para Kant, seria um absurdo — estaríamos nesse caso dizendo que o homem serve às instituições e ideias quando, na verdade, é a vida humana a finalidade de todas as criações sociais.

Terceiro, não posso agir tendo em vista uma recompensa. Se houvesse uma placa na rua com os dizeres "Não jogue o lixo no chão e ganhe R$ 1 por preservar o meio ambiente", certamente o leitor concordaria que a boa ação de preservar o meio ambiente deixou de ser realmente boa. A moral, para Kant, deve ser desinteressada: se faço o bem a alguém visando a uma recompensa — que pode ser o Céu ou uma herança —, não faço o bem verdadeiro.

O universo moral, portanto, é uma criação humana, e apenas humana, absolutamente antinatural. É por isso que Kant foi um dos influenciadores da ideia de criação da ONU e um entusiasta dos ideais de direitos humanos. Para ele, apenas criações humanas, totalmente artificiais, nos auxiliariam a viver uma vida de paz e felicidade.

Importante observar, entretanto, que moralidade e legalidade, embora coincidam num plano ideal, nem sempre são a mesma coisa. Usemos um exemplo parecido com o que o próprio Kant utiliza. Vamos supor que eu estivesse num navio gigantesco que, de repente, colidiu com um *iceberg* e matou quase todos os tripulantes e passageiros. Eu e Rose estamos vivos (se você assistiu a *Titanic*, sabe do que estou falando). Ela está apoiada em uma tábua que só sustenta uma pessoa, e eu estou me afogando. Eu, então, apoio-me na tábua e dou um chega pra lá em Rose. O que fiz foi imoral: usei um ser humano como meio para minha própria sobrevivência e adotei um princípio (acabar com a vida do outro pelo bem da minha) que, se universalizado, seria terrível. Mas a moralidade e o direito nem sempre coincidem: o que fiz é errado, mas não pode ser punido pela lei, uma vez que se tratava de um momento de sobrevivência e, como disse um jurista romano, "a necessidade carece de lei". Nesse sentido, aliás, alguns países não punem ladrões que estão passando fome: embora o ato de roubar continue errado, em momentos de necessidade a lei deve ser suspensa.

De qualquer maneira, as ideias de Kant — embora ele mesmo, até onde sei, não fosse vegetariano — derrubam o argumento segundo o qual "devemos comer carne porque é natural". Há incontáveis ações "naturais" que nós, pessoas civilizadas (felizmente!), não fazemos por entender que são erradas (a moral, vimos, é uma construção sobre a natureza). Considerando que atualmente é possível viver sem comer carne, o argumento da natureza não é válido. Num caso de necessidade extrema e falta de opção, comer carne pode até ser aceitável, mas, como vimos, não significa que, por isso, se tornou moral.

A propósito, é muito problemática a separação entre "civilização" e "natureza" (inclusive a proposta por Kant): por que uma alface plantada numa horta caseira é mais natural do que a servida num *fast-food*? Afinal, todos os elementos químicos para produzir, por exemplo, um hambúrguer vêm da natureza, da mesma forma que a alface que comemos foi produzida com cálculo, técnica e manipulação humanas. Santo Agostinho nos lembrava que o homem não cria coisa alguma, apenas fabrica ou altera o que já existe — nessa concepção, tudo o que existe é "natural", e não existe artificialidade em parte alguma. Yuval Noah Harari, em seu livro *best-seller Sapiens: uma breve história da humanidade*, diz a esse respeito:

> *A cultura tende a argumentar que proíbe apenas o que não é natural. Mas, de uma perspectiva biológica, não existe nada que não seja natural. Tudo o que é possível é, por definição, também natural. Um comportamento verdadeiramente não natural, que vá contra as leis da natureza, simplesmente não teria como existir e, portanto, não necessitaria de proibição. Nenhuma cultura jamais se deu ao trabalho de proibir que os homens realizassem fotossíntese, que as mulheres corressem na velocidade da luz, ou que os elétrons com carga negativa atraíssem uns aos outros.*

Se, diferentemente de Agostinho, convencionarmos que natureza é tudo aquilo anterior à ação humana, nada que vem da agricultura pode ser natural, a menos que criemos uma "escala de artificialidade", na qual a alteração da natureza até x ainda é natural, mas a alteração x + 1 faz com que passe a ser artificial — e vamos concordar que essa escala seria ridícula. Não estou defendendo aqui que todo mundo se alimente de *junk food* diariamente, longe disso; estou apenas dizendo que a ideia de comida *mais saudável* ou *menos saudável* talvez seja mais adequada do que *mais natural* ou *menos natural*, que me parece uma ideia um tanto vaga e confusa.

DEVEMOS COMER CARNE PORQUE OS OUTROS ANIMAIS NÃO SÃO RACIONAIS?

Diante do exposto, um leitor poderia argumentar o seguinte: nada há de errado em assar carne no fim de semana, afinal o homem, sendo o único animal racional e capaz de agir bem, é superior a todos os outros seres da natureza. Mas vamos com calma: se o homem é o único ser que tem direito à vida e é superior por ser "racional" (seja lá o que isso signifique), como ficariam os seres humanos que, por alguma questão de ordem física, não são capazes de desenvolver a racionalidade da mesma forma que os outros? Por exemplo, um ser humano com microcefalia ou em estado vegetativo deixaria de ser humano e, portanto, não teria direito à vida? Se apenas os seres racionais têm direito à vida, isso abriria caminho para o extermínio de uma grande parcela de pessoas.

Além disso, como já insinuei, a ideia de "racional" é bastante complexa e debatida: qual o momento em que se pode considerar que um homem é "racional" e qual o grau de loucura que faz com que seja considerado "irracional"? Sem dúvida, a noção de "ser racional" mudou conforme a época e as civilizações, e é possível que hoje considerássemos os primeiros seres humanos da história como "irracionais". Pessoalmente — e, aqui, me baseio em Nietzsche — não penso que o ser humano seja "racional", mas composto por uma multiplicidade de pulsões (inconsciente, instintos, tradições etc.), sendo a razão apenas uma dessas várias forças que o comandam (e frequentemente não é a que fala mais alto).

A noção de que o homem é superior e merece viver mais do que os outros animais por ser "racional" é, portanto, muito complicada. Para avançar em nosso raciocínio, talvez seja o momento de conhecer outros critérios para o bem e o mal, diferentes das visões kantianas.

DEVEMOS EVITAR O SOFRIMENTO DOS ANIMAIS?

O célebre liberal e pai do utilitarismo filosófico **Jeremy Bentham (1748-1832)** considerava o ser humano como um ente calculista e individualista que buscava sempre satisfazer seus próprios interesses. Para Bentham, uma ação é boa quando tende a realizar a maior soma de felicidade no universo para o maior número possível de seres envolvidos. Em contrapartida, uma ação é ruim quando tende a aumentar a soma global de infelicidade no mundo. Nesse sentido, existem casos em que se pode exigir o sacrifício individual em nome da felicidade coletiva. Trata-se, ao contrário de Kant, de uma moral consequencialista — eu meço a bondade ou a maldade de uma ação por meio de suas consequências, e não de suas intenções. Por isso, voltando ao exemplo anterior, para um utilitarista, pode ser uma boa ideia a plaquinha "Não jogue o lixo no chão e ganhe R$ 1 por preservar o meio ambiente", afinal isso pode nos ajudar a ter ruas mais limpas de forma mais eficiente do que a proposta por Kant.

O critério da moral, aqui, é bastante claro: a utilidade. De acordo com essa concepção, devem ser diminuídas, o máximo possível, a dor e a infelicidade de todos os seres humanos. Não é à toa que outros utilitaristas, como **James Mill (1773-1836)** e **John Stuart Mill (1806-1873),** foram fundamentais na luta contra a escravidão e pelo voto feminino. Stuart Mill complexificará o pensamento de Bentham ao postular que a soma de felicidade não deve ser apenas algo quantitativo, mas também qualitativo. "Melhor ser um Sócrates insatisfeito que um tolo satisfeito", sintetizou.

Obviamente, existem muitas especificidades no pensamento desses autores. O que nos interessa aqui é: se a base para nossa moralidade não é a razão ou a consciência, mas a possibilidade de conferir maior quantidade de prazer (boa ação) ou de dor (má ação) ao outro, tem-se aí um sistema em que os animais podem ser perfeitamente incluídos. Por isso, no século XIX, Henry Salt escreve *Animal Rights* [Direitos do animal] (1892): "Os animais têm direitos? Sem dúvida nenhuma, já que os homens os têm". Os animais também sentem prazer e dor. Evitar ao máximo conferir dor aos animais, portanto, seria um ato de moralidade.

Há um interessante seriado na Netflix, *The Good Place*, em que um dos personagens é um professor de filosofia bastante indeciso e um tanto ansioso, chamado Chidi. Como um kantiano, ele sempre procura agir de maneira correta, não importando as consequências. Suas ações, sempre bem-intencionadas, frequentemente têm consequências ruins.

Há também no seriado uma moça bastante rica, chamada Tahani, que faz muitas boas ações, embora motivada pelo egoísmo e pela inveja que sente pela irmã. Tudo o que ela quer com as boas ações é mostrar à alta sociedade como é uma pessoa boa. Mesmo quando passa a frequentar espaços budistas, trata-se sempre de mostrar algo a alguém. Embora, numa ética kantiana, as ações de Tahani sejam condenáveis, numa perspectiva utilitarista há a possibilidade de ela ser uma boa pessoa.

Ocorre que, no seriado, nem as intenções nem as consequências são parâmetros para entrar no Reino dos Céus — o tal *Good Place*, o "bom lugar" que dá nome ao seriado. No momento em que escrevo este livro, o programa ainda não chegou ao fim, então não sei qual será a resolução para esse problema. De qualquer forma, na terceira temporada, a série coloca um problema ético interessante — pule este e o próximo parágrafo se quiser evitar os *spoilers*: muitas pessoas não estavam mais indo para o Céu, mesmo sendo extremamente bondosas em todos os sentidos. No seriado, isso ocorre porque, queiramos ou não, estamos sempre interagindo com maus elementos. Como exemplo, há o caso de um homem bondoso que enviava rosas para as pessoas livremente, sem esperar nada em troca. Mas o celular que ele utilizava para pedir as flores havia sido feito por pessoas escravizadas, as rosas tinham sido plantadas com pesticidas fabricados por mão de obra imigrante ilegal e o transporte de rosas poluiu maciçamente o meio ambiente, além de ter beneficiado o presidente racista de alguma empresa. Tudo isso fez com que a boa ação do homem se transformasse em má, de forma que ele não conseguiu chegar ao Paraíso.

Resumo da ópera: num mundo complexo como o nosso, a bondade absoluta tornou-se impossível e, frequentemente, mesmo com a melhor das intenções, contribuímos para que algo deletério aos outros seja feito. Como cada vez menos temos controle sobre as consequências de nossas ações, o utilitarismo, por conseguinte, torna-se difícil de ser sustentado.

Nesse sentido, um vegetariano que more em São Paulo ou Nova York dificilmente conseguirá esquivar-se de contribuir, ainda que de modo indireto, para alguma indústria que prejudique os animais.

Como solucionar esse problema? Muitos diriam que só uma mudança radical em todo o nosso sistema econômico seria capaz de criar uma existência verdadeiramente ética e ecológica. Nesse sentido, todas as tentativas "individualistas" de ser uma boa pessoa entrariam em becos sem saída. Não se podem, como vimos na frase de Zygmunt Bauman no capítulo sobre o amor, buscar soluções biográficas para contradições que residem no próprio sistema: nessa perspectiva, não basta a atitude de não comer carne, mas seria necessário que toda a produção de mercadorias fosse orientada por valores éticos, o que, no sistema capitalista, seria impossível, uma vez que a finalidade de toda produção é o lucro. Nesse ponto de vista, os desastres ambientais — aos quais, infelizmente, nós brasileiros nos habituamos — não seriam "meros acidentes", mas produtos de uma lógica de produtividade e consumismo (sobre isso, ver Michael Löwy, *O que é o ecossocialismo?*).

Ainda em *The Good Place*, na quarta temporada, os protagonistas se questionam se, dada a complexidade de nossas relações, uma punição eterna (Inferno) ou uma recompensa eterna (Céu) seriam justas. Vamos supor que um homem muito mau morra aos vinte anos e seja condenado ao sofrimento sem fim; vamos agora considerar outro homem, que foi muito mau até os vinte anos, mas viveu até os oitenta, e, nesses sessenta anos, se arrependeu, praticou muitos atos bons e, assim, foi para o Céu. Não é injusto não dar mais tempo para o primeiro homem se aperfeiçoar?

No século XVI, Montaigne questionava-se, em seus *Ensaios*: não seria uma desproporção iníqua uma recompensa eterna provir de uma vida tão curta? O dilema ético aqui é o seguinte: dada a complicação de nossas vidas, bem como todas as possibilidades de mudanças profundas que são próprias da condição humana, não seria um tanto reducionista taxar uma pessoa como *essencialmente má* ou *essencialmente boa*?

Independentemente de nossa posição, há aqui uma lição valiosa: devemos sempre tomar cuidado com soluções excessivamente fáceis para problemas complexos. Talvez uma mera "mudança de atitude", embora importante, não seja suficiente, ao contrário do que a publicidade nos diz com frequência.

O QUE PENSO E O QUE FAÇO

Em resumo, não penso que o ser humano se distingue dos outros animais pela razão (prefiro uma perspectiva heideggeriana sobre o assunto, sobre a qual conversaremos mais adiante); não acredito que habitemos um lugar especial no universo ou na natureza; não vejo qualquer ação dos animais ou da natureza como justificativa para a nossa; sustento que a noção de "direitos" é fundamental para a sociedade e acho justo reduzirmos ao máximo o sofrimento que existe no mundo.

Por isso meu ponto, para a decepção de muitos leitores, é: não consigo defender, de um ponto de vista filosófico-argumentativo, o consumo de carne na vida adulta. Isso porque não entrei neste capítulo em questões como o impacto do gado para o meio ambiente, os maus-tratos, bem como todas as particularidades e complexidades do próprio veganismo e suas várias correntes e filosofias.

Apesar disso, eu ainda como carne, ao menos por enquanto, embora tente reduzir ao máximo o consumo excessivo e evitar empresas conhecidas pelos maus-tratos aos animais (será que você caiu no mesmo preconceito do meu colega do início do capítulo e achou que eu era vegetariano?). Entretanto, se eu quiser, como Thoreau na citação que abriu este capítulo, levar uma vida baseada nos princípios aceitáveis a minha razão, talvez eu tenha de mudar meus hábitos ou ao menos melhorar meus argumentos.

Confesso que sou um admirador da noção kantiana de uma ação boa que seja desinteressada e livre. Mas há quem diga que a ética kantiana, embora bela, não contribua, no fim das contas, para uma vida boa. Veremos agora, por isso, uma ética e uma noção política diametralmente oposta à ética kantiana. Falemos de **Nicolau Maquiavel (1469-1527)** e tomemos como exemplo os fracassos de um homem (quase) totalmente kantiano: Ned Stark.

5
MAQUIAVEL, HOBBES, NED STARK E *A GUERRA DOS TRONOS*

A força é o modo de contenda das bestas.

— CÍCERO

UM ENIGMA CHAMADO MAQUIAVEL

Um dos pensadores mais conhecidos da história da filosofia (e, talvez, mais mal interpretados) foi Nicolau Maquiavel. O termo "maquiavélico", por exemplo, sempre esteve associado a astúcia, falsidade e má-fé. Os dicionários apontam esse termo como sinônimo de "astuto", "velhaco" ou "ardiloso". Inclusive Old Nick (velho Nicolau) é o epíteto utilizado pelo escritor William Shakespeare para designar o demônio. Para muitos, no século XVI, o autor de *O príncipe* foi considerado uma ameaça às bases morais da vida política.

Nos séculos XVII e XVIII, em contrapartida, o nome de Maquiavel foi associado ao republicanismo, e seu livro *Discursos sobre a primeira década de Tito Lívio* inspirou, direta ou indiretamente, os republicanos mais radicais da Revolução Inglesa (1640-1689) e da Revolução Americana (1776).

Nicolau Maquiavel, além disso, é considerado um dos primeiros "mestres da suspeita". Ou seja, da mesma forma que **Thomas Hobbes (1588-1679)**, **Karl Marx (1818-1883)**,

Friedrich Nietzsche e Sigmund Freud, ele acreditava que a verdade está oculta, submersa, e mora para além das aparências. Hoje, nas livrarias físicas e on-line, frequentemente nos deparamos com títulos engraçados como *Maquiavel para empreendedores* ou *Como usar O príncipe para conquistar o amor de sua vida*.

Antes de tudo, deve-se ressaltar que Maquiavel viveu numa Itália, por assim dizer, maquiavélica. Nesse período não existia a Itália como país unificado, e as cidades italianas — fragmentadas e autônomas politicamente — conheciam intermináveis guerras e sucessivas dominações, vivendo na França de Luís XIII e da Espanha de Carlos V. Não é por acaso que César Borgia, filho do papa Alexandre VI, foi o modelo de príncipe para Maquiavel. Em seu livro mais famoso, Maquiavel narrou como Ramiro de Lorque, um dos generais do Exército de César Borgia, ganhou o ódio do povo da Romanha por praticar crueldades ordenadas pelo próprio César. Esquecendo qualquer preceito religioso, César cortou o general em duas partes e o expôs em praça pública, conquistando, assim, o apoio da população. No capítulo VII de *O príncipe*, Maquiavel diz que César Borgia fez todo o povo ficar ao mesmo tempo satisfeito e atônito. Com isso, garantiu a paz na cidade e, por meio de uma única morte, evitou uma mortandade muito maior.

Nascido no conturbado fim do Quattrocento italiano (século XV), o florentino Nicolau Maquiavel teve, assim como os outros renascentistas, uma educação humanista. Formado na Universidade de Florença, ele atuou como uma espécie de diplomata de sua cidade. Maquiavel foi a diversas cortes estabelecer tratados, alianças e relatórios e, como ótimo observador, identificou os muitos defeitos e qualidades da arte de governar. Preso e torturado sob a acusação de conspiração, Maquiavel viveu em reclusão. Foi com a intenção de retornar à administração da cidade que escreveu *O príncipe*, livro que dedicou a Lourenço de Médici. Publicado postumamente, o ensaio não trouxe a seu autor o ambicionado posto adminis-

FLORENÇA

A república de Florença, pátria de Nicolau Maquiavel, Dante Alighieri, Giovani Boccaccio e Giotto di Bondone, foi o maior exemplo dessa conjuntura de guerras e violências, vivenciando intermináveis formações políticas e conflitos. Foram tantos golpes e leis experimentados na cidade que o grande historiador John Pocock disse que Florença foi o laboratório político do mundo moderno. Maquiavel, por sua vez, afirmou que, em Florença, "os bons são conhecidos como loucos" — ser uma pessoa sensata num mar de vigaristas parecia insanidade. Florença era uma das cidades mais ricas do mundo, importando couro da Espanha, peles e cobre da Polônia, estanho e tecidos da Inglaterra, armas do Sacro Império Romano-Germânico, sedas, pérolas, canela, cravos e outros temperos dos países do Oriente, como a Pérsia e a China. Os tecidos importados eram pintados, refinados e vendidos ao exterior, fazendo da atividade manufatureira a maior fonte de lucros para os homens de negócio florentinos. No século XV, em meio às guerras civis florentinas, ascendeu ao poder a mais poderosa família da Itália, proveniente das camadas mercantis: os Médici, que dominaram Florença por mais de três décadas.

Catedral de Florença
Fczarnowski/
Wikimedia Commons

trativo — embora, mais tarde, ao fim da vida, ele viesse a se tornar historiador de Florença —, mas sem dúvida o tornou um dos mais famosos escritores de seu século. Outras de suas obras que merecem destaque são *História de Florença*, *A arte da guerra* e *A mandrágora*.

Mas vamos focar aqui *O príncipe*. Composto por 26 capítulos escritos em uma linguagem extremamente clara e objetiva, o livro é curto — não alcança cem páginas, na maioria das edições. Mas o impacto e o escândalo causados pelo texto foram inversamente proporcionais ao seu tamanho. Vieram à tona inúmeras obras "antimaquiavélicas", que combatiam de maneira exaustiva as ideias de Maquiavel. De acordo com o filósofo **Isaiah Berlin (1909-1997)**, em seu ensaio "A originalidade de Maquiavel", *O príncipe* constitui um indecifrável enigma: seria esse livro uma justificativa para o absolutismo? Seria um manual para o povo se defender dos governantes? Seria um manifesto pela unificação da Itália? Seria uma sátira? Maquiavel, que costumava vestir-se de romano durante suas leituras, teria escrito *O príncipe* como uma defesa ao retorno à moral romana? Provavelmente essas perguntas nunca terão uma resposta definitiva — e olha que listei apenas algumas. Berlin chegou a levantar vinte interpretações diferentes e inconciliáveis!

Ora, se *O príncipe* é um livro pequeno e seu objetivo é tão incerto assim, por que seria tão importante? Veremos.

NED STARK: O ANTIMAQUIAVEL

O príncipe é um livro do gênero "espelho de príncipes" (comum na passagem da Idade Média para a Modernidade), no qual são sugeridos princípios e atitudes que devem permear o governo de um soberano. Sua questão central, intensamente debatida entre os estudiosos, é o papel da ética na política.

Para compreendê-la, faremos uma breve digressão utilizando um exemplo conhecido.

O seriado de televisão *Game of Thrones*, de David Benioff e D. B. Weiss, é fundamentado nos livros da série *A Guerra dos Tronos*, de George R. R. Martin. A história gira em torno de uma série de alianças e atritos entre algumas famílias de nobres que disputam, no continente Westeros, o Trono de Ferro dos Sete Reinos. São conflitos que lembram muito a Itália da época de Maquiavel, aliás.

Na primeira temporada (aos que não terminaram a série e estão preocupados com *spoilers*, prometo que não passaremos dela), Ned, da família Stark, recebe um convite do rei Robert, da família Baratheon: tornar-se a Mão do Rei, uma espécie de primeiro-ministro ou conselheiro especial do monarca. Ned e sua esposa, Catelyn, desconfiam de que a Mão do Rei anterior, Jon Arryn, foi morto por uma outra família, os Lannister. A esposa do rei, Cersei, é da ambiciosa família Lannister e mantém um secreto caso de amor com o próprio irmão, Jamie (na época de Maquiavel, aliás, corria o boato de que o filho do papa, César Borgia, mantinha relações com a própria irmã, Lucrécia).

Ocorre que Ned Stark aceita o convite e parte para Porto Real, a capital dos sete reinos, com suas filhas, Sansa e Arya. Ned é, sem dúvida, um homem idealista ("stark", aliás, significa "rígido" em português), que procura (quase) sempre manter-se íntegro (a exceção, claro, fica por conta de suas aventuras fora do casamento, que lhe renderam um filho, Jon Snow). Ocorre que — como Maquiavel nos advertia — é difícil manter-se íntegro num mundo de homens maus.

Um exemplo que diz muito sobre o caráter de Ned é sua reação ao receber a notícia de que Daenerys Targaryen, que ambiciona tomar o Trono de Ferro de Robert, casou-se com um homem poderoso, Drogo. Os Targaryen, descendentes de Aegon, o Conquistador, veem-se como herdeiros do trono.

Robert e o Conselho decidem: a garota deve ser morta. Ned, entretanto, diz que seria um absurdo matar uma adolescente. Eis que o espião eunuco Lorde Varys responde, numa frase que poderia ter sido retirada de *O príncipe*: "Aqueles que ousam governar têm de fazer coisas vis para o bem do reino, por mais que isso lhes custe". Ned Stark quer seguir um princípio moral a todo custo; Lorde Varys acredita que é justo matar uma criança, desde que com isso se evite uma guerra e sejam salvas várias outras vidas. Não por acaso, no capítulo 4 dos *Discursos sobre a primeira década de Tito Lívio*, Maquiavel não poderia ser mais claro ao dizer que o rei não está seguro "enquanto viverem os que foram excluídos do poder".

Em outro momento, Ned, como Mão do Rei, conclui após investigação que o filho de Robert e herdeiro do trono, Joffrey, é na verdade fruto do incesto entre Cersei e Jamie. Como homem honrado, ele confronta Cersei com a verdade e lhe oferece o exílio, mas Cersei rasga o testamento do rei e pergunta: "Isto era para ser seu escudo, Lorde Stark?". Esse momento mostra a ingenuidade de Ned, com suas crenças em palavras e juramentos. O filósofo Thomas Hobbes (sobre o qual voltaremos a falar mais adiante), com toda a sua sabedoria política, disse em *Leviatã*: "*covenants, without the sword, are but words*" [pactos, sem a espada, não passam de palavras]. Mas Ned ainda estava ludibriado com toda aquela história dos princípios.

Com a morte de Robert durante uma caçada, Ned decide apoiar Stannis Baratheon como rei. Cersei, porém, manobra com ajuda de Petyr Baelish, o Mindinho (ou Littlefinger), prende Ned e faz sua filha Sansa refém. Certa vez, Mindinho, quando chamado a aconselhar Ned, diz a ele: "Você usa sua honra como uma armadura, Stark. Julga que o mantém a salvo, mas tudo o que ela faz é torná-lo pesado e dificultar-lhe os movimentos".

O povo, entretanto, gosta da figura de Ned e desconfia do incesto da rainha. Ciente de tudo isso, Cersei faz um acordo com Ned: ele terá sua vida conservada se renegar as próprias palavras e jurar fidelidade ao rei Joffrey. Na masmorra, Varys tenta persuadir Ned: "Dê-me a sua palavra de que dirá à rainha exatamente aquilo que ela quer ouvir"; e Stark responde: "Se o fizesse, minha palavra seria tão oca quanto uma armadura vazia. Minha vida não me é assim tão preciosa". Rapidamente, Varys pergunta: "E a vida de suas filhas, senhor?".

Para salvar suas filhas, Ned aceita o acordo e, em público, afirma ser um traidor. Joffrey o mata mesmo assim, fato trágico que acaba desencadeando uma longa guerra. A lição: Ned Stark morreu e, mais do que isso, não impediu que uma enorme guerra acontecesse, exatamente porque, a todo tempo, se manteve íntegro num mundo de homens maus. O que Cersei dissera para Ned se cumpriu: "Quando se joga o jogo dos tronos, ganha-se ou morre".

MAQUIAVEL EXPLICA A MORTE DE NED STARK

É nesse ponto que voltamos a Maquiavel. Enquanto os autores medievais preocupavam-se com os valores morais absolutos, Maquiavel percebe que, se o objetivo for governar e manter o Estado, será necessário praticar atos imorais como mentir, manipular, dissimular ou mesmo assassinar. Trata-se da descoberta de que não se pode salvar a alma e a cidade ao mesmo tempo: aqueles que quiserem salvar a alma e manter-se íntegros, não conseguirão se manter no poder; aqueles que quiserem manter-se no poder e atingir seus propósitos mundanos, serão obrigados a violar seus valores.

Alguns esclarecimentos são necessários. Antes de tudo, Maquiavel não recomenda que o governante seja mau a todo momento. Pelo contrário, em *O príncipe*, diz ao líder para "não se *apartar* do bem, sempre que possível, mas saber valer-se do mal, quando *necessário*". Por isso Joffrey, que usa crueldades desnecessárias, seria um péssimo governante na perspectiva de Maquiavel (inclusive Cersei aconselha Joffrey a se utilizar da "bondade ocasional").

Assim, para Maquiavel, as crueldades só são admissíveis se promoverem o bem comum. Como observou Isaiah Berlin, não é correto dizer que o florentino separou a moral ou a ética da política; pelo contrário, o que ele defende é que a política tem uma ética própria, uma vez que os atos permitidos ao príncipe contêm lógica e objetivo próprios. Maquiavel separou a ética cristã da ética política, isto é, mostrou que é impossível ser um bom político seguindo à risca os ideais de transparência e bondade cristãs, assim como é impossível ser um bom cristão seguindo à risca as necessidades e manipulações que a política envolve.

Benedetto Croce (1866-1952), por isso, disse que "a política não se faz com água benta", e mesmo um político brasileiro afirmou que a política "é atividade para pecadores". O pensamento maquiaveliano, entretanto, não deixa de nos causar certo desconforto: afinal, ele está nos dizendo que a única maneira de promover o bem comum é por meio do mal. Nas palavras de O príncipe:

> *Não pode, nem deve, portanto, um homem prudente guardar a palavra dada, quando o seu cumprimento se volte contra ele e quando já não existem as causas que o fizeram prometer. Não seria bom este preceito se todos os homens fossem bons; mas como são maus e em igual caso eles não cumpririam contigo, tu também não deves cumprir com eles.*

Maquiavel estava ciente de que, num mundo de santos, seu conselho de mentir quando necessário não seria bom. No entanto, dado que há no mundo pessoas más, se o objetivo for manter o bem comum, às vezes mentir pode ser bom, por promover a paz e a estabilidade, e falar a verdade pode ser ruim, por criar a guerra e a destruição: "Se bem considerar tudo, encontrar-se-á alguma coisa que parecerá virtude, e segui-la seria a ruína, e alguma coisa que parecerá vício, e seguindo-a obtém a segurança e o bem-estar", escreveu o autor. Ou seja, Maquiavel descobre que não existe uma única ética, mas uma pluralidade de éticas disponíveis. Cabe-nos escolher qual é a mais adequada para nossos propósitos e de acordo com o que pensamos.

Para ele, a ética política é utilitária, ou seja, são éticos todos os atos úteis à comunidade, ao passo que são antiéticos os atos que tiverem em vista a satisfação de interesses egoístas, que entrem em conflito com os interesses da coletividade. Haveria, portanto, uma *ragione di Stato* (razão de Estado).

Antiutopista, Maquiavel está mais interessado nos homens como são do que em como eles deveriam ser. E, dado que os homens são, em suas palavras, "ingratos, volúveis, falsos, hipócritas, covardes e gananciosos", como lidar com eles? Para o povo, diz Maquiavel, o príncipe deve parecer piedoso, fiel, humano, íntegro e religioso, mas deve também usar a crueldade quando necessário. O príncipe deve ser respeitado e admirado, não podendo ser tomado pelos seus súditos por fraco e delicado, pois, assim, perderia sua altivez. Desse modo, o soberano deve se fazer mais temido do que amado, pois o medo é mais eficiente para conter os homens do que os frágeis laços do amor, que podem ser facilmente rompidos. Podemos ficar desconcertados com isso, e mesmo manifestar alguma repulsa; mas quem vai discordar de que o amor é um laço mais frágil que o medo e que as pessoas estão mais dispostas a trair quem elas amam do que a obedecer a quem elas temem?

Para Maquiavel, o político deve ter *virtù*, isto é, ser capaz de confrontar uma realidade, de modificá-la segundo seus projetos e de modificar a si mesmo para melhor enfrentá-la. A crença de que o homem pode ter *virtù* é a crença na capacidade das ações humanas de fazerem uma grande diferença na vida de cada um, quando guiadas por uma combinação entre inteligência e vontade livre. À *virtù* ele opõe a *fortuna*, isto é, a sorte, o acaso, a providência ou o contexto, e defende que esta será mais facilmente atraída pelos homens virtuosos.

Não podemos deixar de falar sobre o personagem mais virtuoso da trama de *A Guerra dos Tronos*: Tyrion Lannister, meu personagem favorito. Sua baixa estatura (combinada, no livro, à sua feiura, embora isso não ocorra no seriado), teoricamente uma desfortuna, é compensada por sua extrema astúcia e sua capacidade de adaptar-se às circunstâncias — além, é claro, da riqueza herdada de sua família. Não por acaso, frequentemente ele se compadece com outros personagens que sofrem algum tipo de desfortuna; logo no primeiro episódio Jon Snow lhe pergunta: "O que raios você sabe sobre ser um bastardo?", e ele responde: "Todo anão é bastardo aos olhos do pai". "Nunca se esqueça de quem é", ele diz em outra de suas célebres frases, "porque é certo que o mundo não se esquecerá. Faça disso sua força. Assim, não poderá ser nunca a sua fraqueza". Falta a Tyrion, porém, a virtude que Platão chamou de "temperança", isto é, a capacidade de controlar os próprios desejos.

O mesmo vale para Daenerys Targaryen, que no início da história é bastante frágil e, conforme o tempo passa, conquista a admiração de seu marido e da população. Ambos, Targaryen e Tyrion, tinham a fortuna ao seu lado: a primeira, herdeira do Trono de Ferro, o segundo, herdeiro de uma grande riqueza. Sem *virtù*, porém, essa fortuna de nada serviria.

Se Targaryen e Tyrion são virtuosos, Ned Stark, por sua vez, pode ser visto como um homem platônico. Segundo Platão, havia correspondência entre uma sociedade justa e um homem justo. Uma sociedade seria justa quando houvesse harmonia entre as suas partes e cada pessoa estivesse onde deveria estar — os filósofos, ou seja, aqueles com a qualidade da sabedoria e da virtude, seriam também as lideranças políticas. A justiça é aqui entendida não como uma distribuição equânime da igualdade, mas como o reconhecimento de cada um sobre seu lugar na sociedade segundo a natureza das coisas, sem que tente ocupar o espaço que pertence ao outro. Da mesma forma, o homem justo seria aquele no qual a razão se sobreporia às suas emoções e aos seus desejos.

Ao longo da primeira temporada, Ned Stark ambiciona ser esse homem justo do qual fala Platão, (quase) sempre controlando suas ambições e desejos e colocando os princípios da justiça, da verdade e da fidelidade à frente de si mesmo, a ponto de abandonar a própria família para servir como conselheiro. Para Platão, uma pessoa como Joffrey, sempre submissa aos seus desejos e ambições, ou uma pessoa como Cersei, sempre vigilante (lembremos quando ela diz que "quem não estiver conosco é inimigo"), nunca serão felizes. Ned, embora tenha sido assassinado, viveu uma vida mais digna e feliz. Claro que, para Platão (como para Ned), felicidade não é a mesma coisa que prazer, e a morte não é um acontecimento pior do que perder a própria honra, ao contrário do que muitos de nós tendemos a pensar nos dias de hoje. Por isso, Ned diz de forma bastante platônica que preferiria conservar a honra e perder a vida: "Aprendi a morrer há muito tempo". Sua atitude lembra a de Sócrates quando, condenado a morte, teve a oportunidade de ser absolvido, desde que renunciasse a suas ideias. O filósofo se recusou: ele preferiu morrer a mudar de conduta.

Entretanto, diferentemente de Sócrates, como vimos, Ned Stark abdicará de sua honra para conservar a vida de sua filha. Por um momento, ele relativizou seus valores éticos em prol de um bem maior e adaptou-se às circunstâncias — teve *virtù*. Maquiavel diria: "Tarde demais!".

HOBBES E *A GUERRA DOS TRONOS*

Talvez outro filósofo nos ajude a compreender melhor a lógica dos personagens de Westeros: Thomas Hobbes.

Do começo ao fim de sua vida, Hobbes viveu em uma Inglaterra repleta de conflitos dignos de várias histórias de *A Guerra dos Tronos*. Em 1588, o rei da Espanha católica, Felipe II, organizou a maior frota de navios já vista até então para atacar Elizabeth I, rainha da Inglaterra, chamada por ele de herege. O nome da frota? A Invencível Armada. Ocorre que a Invencível Armada foi vencida, e o rei perdeu metade de sua frota. Enquanto isso, na aldeia de Westport, Inglaterra, em 1588, uma mãe, assustada com as notícias do ataque, teve prematuramente sua criança: Thomas Hobbes. Assim ele sintetizou seu nascimento: "Minha mãe pariu gêmeos, a mim e ao medo".

Depois de adulto, Hobbes viveu as longas guerras civis entre 1640 e 1689, as quais, envolvendo questões religiosas e políticas, opuseram os reis da dinastia Stuart ao Parlamento, representando um verdadeiro divisor de águas na história do país. As revoluções inglesas, como as guerras ficaram conhecidas, só findaram em 1689 quando a Revolução Gloriosa definitivamente tornou a Inglaterra uma monarquia parlamentar. Hobbes, portanto, assim como Maquiavel, vivenciou uma verdadeira Guerra dos Tronos.

Foi com esse panorama em vista, um contexto de guerras, que Hobbes escreveu um livro no qual defendia a necessidade de um poder centralizado. Publicado em 1651, *Leviatã* teve o nome inspirado em um monstro bíblico gigantesco que, no livro, representa o próprio Estado. Aliás, Hobbes utilizou a palavra "Estado" poucas vezes: ele utilizava mais frequentemente o conceito de *Civitas*, que poderíamos traduzir como "comunidade política".

O ponto de partida de Hobbes é o homem natural, isto é, o que ele entendia pelo ser humano antes da sociedade e do

Estado. Nesse estado de natureza, de todos os nossos sentimentos e sensações, para ele o mais primordial e natural é o desejo de conservar a própria vida. O medo da morte é, então, o sentimento básico da humanidade.

É esse medo da morte, então, que nos leva a buscar o poder em suas mais variadas formas, como a força, a riqueza, o conhecimento e a honra. Tudo isso nos serviria para nossa preservação em meio aos homens. O autor escreve em *Leviatã*:

> *As paixões que, mais do que quaisquer outras, causam diferenças de espírito são principalmente um maior ou menor desejo de poder, de riquezas, de conhecimento e de honra, as quais podem todas reduzir-se à primeira, isto é, ao desejo de poder. Pois as riquezas, o conhecimento e a honra não são senão formas diversas de poder. Assim, considero como principal inclinação de toda a humanidade um perpétuo e incessante afã de poder, que cessa apenas com a morte.*

Se estamos todos nós, e a todo momento, numa busca incessante por poder, seria lógico que as pessoas tendessem a se chocar umas contra as outras. Por isso, de acordo com Hobbes, a natureza humana se desdobra na guerra de todos contra todos. Podemos concluir, portanto, que a vida anterior ao Estado e à sociedade — no hipotético estado de natureza — seria brutal, violenta, miserável, infeliz e solitária (no original, "*solitary, poor, nasty, brutish, and short*"). A guerra é a condição natural da espécie humana, e os conceitos de justiça, modéstia, piedade e igualdade são contrários à nossa natureza (e é por isso, aliás, que são tão importantes e valorizados).

Hobbes é um dos primeiros na história da filosofia a pensar o ser humano como um ser guiado pelos interesses. Para ele, como se sabe, a única maneira de solucionarmos isso é abdicando de parte de nossas liberdades (mas nunca de todas, que fique claro) em prol de um Estado centralizado:

A única forma de constituir um poder comum, capaz de defender a comunidade das invasões dos estrangeiros e das injúrias, garantindo-lhes uma segurança suficiente para que, mediante seu próprio trabalho e graças aos frutos da terra, possam alimentar-se e viver satisfeitos, é conferir toda força e poder a um homem, ou a uma assembleia de homens, que possa reduzir suas diversas vontades a uma só vontade.

Essa passagem deixa claro como, para Hobbes, abdicamos de nossas liberdades políticas para que o Estado nos garanta liberdades individuais básicas, isto é, possibilidade de nos alimentar, de usufruir dos frutos de nosso trabalho, de manter nossa família e ocupações. Essas liberdades individuais básicas devem permanecer invioláveis e só estarão seguras dentro de um Estado centralizado, que nos imponha leis que, seguidas por todos, garantam nosso bem-estar — essa relação estabelecida entre indivíduo e Estado foi chamada de *contrato social*, uma ruptura, para ele, necessária em relação à nossa natureza.

Assim, o Estado (ou *Civitas*), para Hobbes, representa uma construção humana, um artifício. Se o homem, como indivíduo, é fraco e passageiro, ele é capaz, contudo, de criar uma entidade maior e mais poderosa que nossas individualidades, mais duradoura e mais potente que nossas breves vidas.

Em *A Guerra dos Tronos*, todas as comunidades têm suas próprias regras e seu próprio modo de aplicar punições, ou seja, têm um contrato, ainda que incipiente, como é o caso dos guerreiros de Mance Raider, líder dos bárbaros que vivem para além dos muros, e da Patrulha da Noite, um refúgio para que criminosos e párias diversos recomecem a vida.

A propósito, Estado, para Hobbes (*Leviatã*), não é sinônimo de "governo", tampouco de "aparato que detém o monopólio da violência". O Estado é como uma pessoa artificial, isto é, uma estrutura que permanecerá para além da vida individual e que, por isso, é obra feita pela comunidade e para a comunidade. Transcendendo o espaço limitado da vida individual, o Estado seria, para Hobbes, um artifício humano que ajudaria a garantir a existência de nossa espécie.

Em *A Guerra dos Tronos*, pode-se dizer que a morte de Ned Stark levou o mundo a um estado natural hobbesiano. Ao mesmo tempo, Lorde Varys, embora soubesse bem que Joffrey era um impostor, opôs-se a Ned Stark com uma frase tipicamente hobbesiana: "Sirvo o reino, e o reino precisa de paz".

A GUERRA DOS TRONOS, O ZEN E O FEMINISMO

No melhor momento de um livro fundamental para a escrita deste capítulo, *A Guerra dos Tronos e a filosofia*, a filósofa **Stacey Goguen** trabalha outra questão muito presente na obra e no seriado: a questão de gênero.

Ela nos lembra que **Simone de Beauvoir (1908-1986)**, uma das grandes pensadoras feministas, denuncia como, ao longo da história, a masculinidade foi construída como o padrão a partir do qual julgamos a natureza humana. Em seu livro *O segundo sexo*, ela explica que o homem sempre é definido como ser humano e a mulher, como fêmea, como o outro. Segundo ela, a mulher, que é um indivíduo e, como tal, tem suas particularidades, tem sido aprisionada em vários ideais impossíveis, de modo que não é entendida socialmente como uma pessoa, um ser único, mas sim como aquilo que a sociedade espera dela: mãe, esposa, virgem, um símbolo da natureza... Beauvoir era contra a ideia de que havia uma essência da mulher, uma essência feminina. Em outras palavras, para ela, não é preciso ser bonita, ser mãe, ser dócil para ser, de fato, mulher.

Segundo Goguen, a personagem Sansa em *A Guerra dos Tronos* exemplifica esse papel que se espera da mulher. Ela aparece, no início da história, como que fascinada pelos cavaleiros e pelo mundo da nobreza. Littlefinger, inclusive, a alerta: "A vida não é uma canção, querida". Um guarda-costas chamado Cão de Caça debocha da menina por ela ser um passarinho que, feliz com a sua gaiola, quer limitar-se a agradar os outros. Sansa, em vez de se assumir como sujeito da própria vida, espera que os homens cavaleiros sigam um código ético, coloquem-na num pedestal e a protejam (não é por acaso que nós, fãs brasileiros da série, frequentemente chamamos ela de Sonsa, ao menos nos primeiros momentos da história). Gloria Steinem foi clara a esse propósito: "um pedestal é uma prisão como qualquer espaço pequeno e confinado". Em vez de ser percebida como um indivíduo e viver sua própria verdade, ela acaba se tornando o resultado de uma produção da sociedade, como se tivesse saído de uma fôrma, desejando ser arrebatada pelo príncipe encantado. Por todas essas esperanças, é claro, Sansa se frustra e a partir daí desenrola seu papel no enredo (que não desenvolverei aqui porque, como prometido, sem *spoilers*).

Mas George R. R. Martin apresenta várias personagens mulheres que não se sujeitam aos homens e ao que a sociedade espera delas: Brienne liberta-se de seu lugar de donzela nobre e torna-se uma grande cavaleira, assim como Daenerys livra-se da tutela do irmão e busca sua posição de rainha. Agora, entre todas elas, sem dúvida é Arya Stark quem mais surpreende pela determinação e pela autonomia — é bastante admirável seu aprendizado com a espada de madeira, até sua escapada do Porto Real após a morte do pai e tudo o que se sucede (mais uma vez, sem *spoilers*). Arya nunca sonhou em ser princesa: sua espada fina, a "agulha", presente de Jon Snow, será o instrumento de sua autonomia.

O filósofo **Henry Jacoby (1953-)** — bastante engajado, a propósito, na busca por encontrar meios para alcançar o grande público com a filosofia — nos lembrará que não é por acaso que Arya estuda a Dança da Água. No pensamento taoista — sintetizado na obra *Tao Te Ching*, atribuída a Lao Tse, há vários momentos em que somos estimulados a "ser como a água", que simboliza a própria vida: ela flui, adapta-se ao ambiente, ocupa recipientes, passa por buracos ou rachaduras e se desvia de obstáculos. Como a água, somos — homens e mulheres — capazes de superar obstáculos e ocupar espaços diversos. Por isso, diz Lao Tse, no *Tao Te Ching*, o caminho do sábio é saber agir com a leveza da natureza:

> *Quem respira apressado não dura*
> *Quem alarga os passos não caminha*
> *Quem vê por si não ilumina*
> *Quem aprova por si não resplandece*
> *Quem se autoenriquece não cria a obra*
> *Quem se exalta não cresce*

A trajetória de Arya será absolutamente peculiar na história: enquanto os outros personagens estarão presos em mesquinharias e jogos de poder, ela mergulhará numa jornada *zen*.

Depois de um capítulo dedicado quase inteiramente à maldade política, gostaria agora de tratar de outra face do mal: a maldade dos homens bons! Estranhou essa expressão? Continuemos, então, a leitura.

6
SOBRE A MALDADE DOS HOMENS DE BEM, A BANALIDADE DO MAL E A PROFUNDIDADE DO BEM

Contra a estupidez, os próprios deuses lutam em vão.

— FRIEDRICH VON SCHILLER,
DIE JUNGFRAU VON ORLEANS

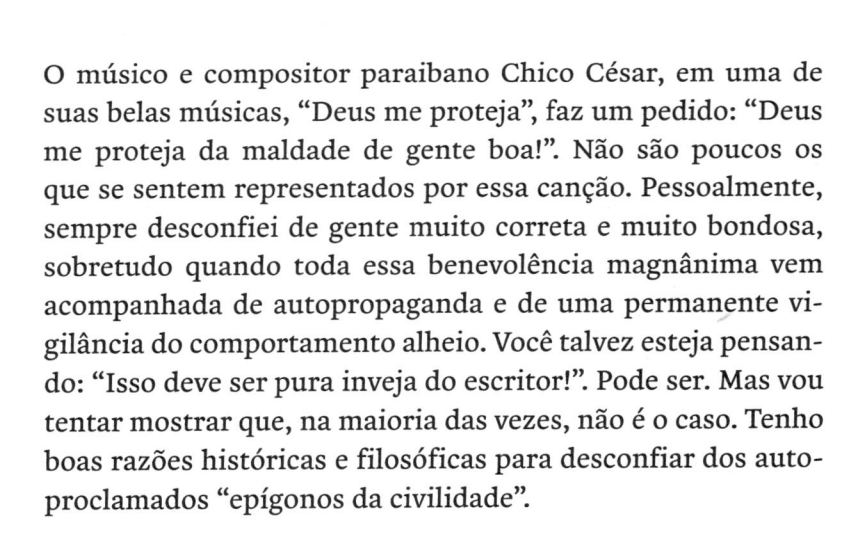

O músico e compositor paraibano Chico César, em uma de suas belas músicas, "Deus me proteja", faz um pedido: "Deus me proteja da maldade de gente boa!". Não são poucos os que se sentem representados por essa canção. Pessoalmente, sempre desconfiei de gente muito correta e muito bondosa, sobretudo quando toda essa benevolência magnânima vem acompanhada de autopropaganda e de uma permanente vigilância do comportamento alheio. Você talvez esteja pensando: "Isso deve ser pura inveja do escritor!". Pode ser. Mas vou tentar mostrar que, na maioria das vezes, não é o caso. Tenho boas razões históricas e filosóficas para desconfiar dos autoproclamados "epígonos da civilidade".

SE DEUS NÃO EXISTE, TUDO É PERMITIDO. OU SERÁ EXATAMENTE O CONTRÁRIO?

Em *O existencialismo é um humanismo*, Sartre, escrevendo pouco após a barbárie da Segunda Guerra Mundial, cita uma ideia presente em *Os irmãos Karamazov*, de Fiódor Dostoiévski: "Se Deus não existe, tudo é permitido!". Ultimamente, tenho visto a frase sendo reproduzida acriticamente para explicar que hoje estaríamos vivendo um período de extrema permissividade, mas a ideia de Sartre é que, dado que Deus não existe, também não existe destino, um roteiro pronto e predeterminado, de modo que temos a possibilidade de viver a vida de maneira genuína. Sartre acreditava que primeiro nascemos para, depois, construir nossas possibilidades: a existência precede a essência.

Muitos, contudo, interpretam a frase de Dostoiévski de uma maneira pessimista: na falta de uma crença firme e certa numa entidade punidora e todo-poderosa, as pessoas se sentiriam livres para fazer o que bem entendessem. De acordo com essa interpretação, sem a fé inabalável em uma força benevolente, superior a todos e limitadora de nossos impulsos pecadores, ficaríamos desprovidos de guias; e, sem guias, a humanidade estaria perdida.

Diversos pensadores e políticos dos últimos séculos utilizaram a ideia da necessidade de Deus como esteio moral para defender a pena de morte de ateus. Para se ter uma ideia, ainda no século XVI, **Thomas More (1478-1535),** em seu livro intitulado *Utopia* — no qual idealizava uma sociedade igualitária —, foi contrário à tolerância ao ateísmo. No século XVII, John Locke, em sua *Carta sobre a tolerância*, embora defendesse a tolerância em relação aos muçulmanos — posição "progressista" para sua época —, era a favor da pena de morte para os ateus. No século XVIII, um dos maiores nomes da esquerda revolucionária francesa, Maximilien de Robespierre, chegou a afirmar que o ateísmo não deveria ser tolerado por ser típico de aristocratas cuja futilidade e presunção dispensariam um ser todo-poderoso. Um governo popular seria firmemente ancorado na existência de um Ser Supremo.

Eu discordo dessa ideia. Acredito que a associação entre religião e estabilidade moral seja equivocada, pois a crença na existência de Deus não é necessariamente uma força limitadora de nossos maus impulsos. Afinal, você há de concordar que existem poucas coisas mais perigosas do que pessoas que acreditam firmemente que estão realizando um propósito divino e que todos os seus atos, por mais brutais que sejam, são manifestações da Vontade de Deus. Muita gente, ao longo da história, promoveu os mais brutais massacres e torturas em nome de uma divindade que dizia representar.

Exemplos desse perigo não faltam na história. O ditador inglês Oliver Cromwell era um cristão protestante radical, com fama de incorruptível, apelidado de Ironside (Costelas de Ferro, em português). Convicto de ser um "eleito de Deus" (que é, aliás, o nome do melhor livro sobre ele, feito pelo grande historiador inglês Christopher Hill), organizou uma tropa de voluntários, um exército de "santos". Por isso, conseguiu derrotar Carlos I e os monarquistas e protagonizar a primeira decapitação de um rei na Idade Moderna. Uma vez ditador da Inglaterra, Cromwell expropriou terras dos católicos irlandeses e as distribuiu aos protestantes ingleses. Além disso, massacrou pelo menos 3.500 pessoas na cidade de Drogheda, razão pela qual ficou conhecido na Irlanda como O Carniceiro. Tudo isso em nome de Deus: era a "santa violência", na expressão do historiador Lawrence Stone em *Causas da Revolução Inglesa*.

Outro exemplo intrigante. Contra o pacifismo do pensador cristão **Erasmo de Roterdã (1466-1536)**, Martinho Lutero, no livro *De servo arbitrio*, de 1525, escreveu: "a palavra de Deus é guerra, é agitação, é agonia, é ira [...]. Esta guerra foi nosso Senhor quem a instigou e quem fará que não cesse até que tenha reduzido a nada todos os inimigos de seu verbo". Foi com essa ideia em mente que, em nome de Deus, Lutero autorizou o massacre dos camponeses alemães que eram liderados por Thomas Müntzer.

Por isso, ouso fazer uma espécie de inversão da frase citada por Sartre: quando acredito firmemente que Deus existe, comunica-se comigo e que todos os meus atos são manifestações de Sua vontade, meus gestos violentos não são gratuitos, mas legitimados pelo que Ele espera de mim! Se acho que estou realizando o propósito de Deus, não importa quanta guerra ou quanta maldade eu faça, tudo sempre se justificará em nome de um suposto propósito maior.

SE ACREDITO QUE TENHO A JUSTIÇA SOCIAL E AS LEIS DA HISTÓRIA AO MEU LADO, ENTÃO TUDO É PERMITIDO

Mas seria injusto encerrar aqui minha reflexão. Há ideologias que, nesse como em outros aspectos, podem operar à maneira das religiões. Leon Trótski, prolífico intelectual e um dos líderes da Revolução Russa, acreditava ter as leis da história a seu lado. Trótski confessou em seu próprio testamento que morreria com uma esperança mais potente do que qualquer religião poderia lhe fornecer: a esperança na futura Revolução! Isaac Deutscher, um de seus melhores biógrafos, chegou a dizer, em *Trótski: o profeta armado*, que o revolucionário "estava possuído de um sexto sentido, por assim dizer, um sentido intuitivo da história, que o destacava entre os pensadores políticos de sua geração". Vale lembrar, da mesma maneira, as matanças promovidas pelo stalinismo, inclusive contra as próprias lideranças e quadros do Partido Comunista.[1]

Durante a Revolução Francesa (1789-1799), o líder jacobino Robespierre, responsável pela morte de pelo menos 17 mil pessoas, dizia que a Revolução era "o despotismo da liberdade". Em outras palavras, Robespierre via a si próprio como a encarnação da liberdade e a todos os seus adversários como

---

1 *Sobre essa semelhança entre religiões e ideologias, sugiro a leitura do artigo "A vírgula, a bomba atômica e um frio na espinha", ainda no prelo, escrito por Modesto Florenzano, professor titular de História Moderna da Universidade de São Paulo.*

a materialização da tirania. Robespierre, lembre-se, era conhecido como O Incorruptível, epíteto reafirmado pelos historiadores.

Nesse sentido, o filósofo irlandês **Edmund Burke (1729--1797)** — primeiro grande crítico da Revolução Francesa, considerado por muitos o pai do pensamento conservador — afirmou em *Reflexões sobre a revolução na França* que esse processo revolucionário trouxe mudanças muito parecidas com aquelas feitas em bases religiosas, nas quais o espírito de proselitismo desempenha um papel essencial. Assim como um líder religioso extremista mata em nome de Deus, os revolucionários matam em nome da liberdade; assim como um extremista religioso divulga a todo custo suas ideias e coloca o diferente como o demoníaco, o líder revolucionário difunde de qualquer maneira seus pensamentos e demoniza e distorce os adversários.

Outro filósofo que pensou a Revolução Francesa, Alexis de Tocqueville, disse de maneira perspicaz, em *O Antigo Regime e a revolução*: "A Revolução Francesa foi uma revolução política que operou à maneira de uma religião e tomou alguns de seus aspectos... ou melhor, tornou-se ela própria uma espécie de nova religião".

Claro que, sempre importante afirmar, nem todo revolucionário ou religioso pensa dessa forma — embora os que pensem geralmente sejam barulhentos e influentes. Ocorre que há algo de religioso nos extremos das ideologias. Quando acredito que sou o grande escolhido para levar os homens ao Reino dos Céus ou o único capaz de salvar os trabalhadores de todas as explorações, tudo pode ser feito. Por isso, acrescento ao que já foi dito: se acredito ter as leis da história ao meu lado, tudo é possível!

Já até ouço alguém que possua uma fé inquebrantável ou a crença firme em alguma ideologia me responder: "Os extremos não representam a ideologia ou fé verdadeira, mas uma distorção!". Imaginemos um governo com uma ideologia à direita que tenha dado errado; alguém que outrora apoiou esse regime dirá: "Mas não foi uma direita de verdade!". Imaginemos agora uma administração guiada por ideias à esquerda que tenha falhado miseravelmente; ouviremos de seu outrora apoiador: "Mas ele não seguiu o pensamento da esquerda verdadeira!". É sempre possível, por meio de ideias e jogos de palavras, esquivar-se do real e encontrar algum conforto mental. Mas eu prefiro apegar-me ao real e a suas vicissitudes.

O SENSO DO HOMEM COMUM: FONTE DO BEM OU RAIZ PROFUNDA DO MAL?

Até o momento, falei da maldade terrível de homens que julgam a si mesmos como santos incorruptíveis e acreditam ser os portadores do bem supremo. É preciso falar também da maldade extrema que pode ser cometida pelo cidadão pacato, cotidiano e banal, que em um dia está regando seu jardim e no outro está espancando (ou relativizando, ou apoiando o espancamento de) pessoas vulneráveis.

Muitos na história enxergaram no homem comum e simples a morada privilegiada da bondade e do bom senso. Nos Estados Unidos, é comum ver políticos ou pessoas apelar ao "bom senso" (em inglês, *common sense* — que é, aliás, o título do principal texto filosófico da independência do país, escrito pelo grande Thomas Paine) como alternativa às elucubrações dos intelectuais. Se um intelectual é capaz de fazer intermináveis digressões filosóficas para justificar um extermínio ou a corrupção, o homem comum, guiado pela tradição e pelo instinto, simplesmente diz: "Mas isso é errado". Sophia Rosenfeld, historiadora da Universidade da Pensilvânia, tem enfatizado em seus últimos trabalhos (como *Common sense*, "Senso comum") que a crença na importância do bom senso é fundamental na democracia. Em outras palavras, a crença de que o povo possui, a despeito de sua formação intelectual, a possibilidade de discernir o que é certo e o que é errado (isto é, o bom senso) é um elemento fundamental para a existência da democracia — não fosse assim, o voto deveria ser restrito apenas aos escolarizados, ideia que a maioria de nós hoje rejeita como elitista e preconceituosa.

O filósofo escocês **Thomas Reid (1710-1796)** fez disso seu mote filosófico. Ele acreditava que, na maior parte dos últimos séculos de história, nosso instinto e nossas tradições nos guiaram bem e, por isso, há de se confiar na própria intuição e desconfiar de todas as construções dos intelectuais. Reid não nega a filosofia, mas nos alerta sobre a importância de nosso bom senso. Como destacou seu seguidor contemporâneo **G. E. Moore (1873-1958)**, a evidência de minhas mãos sobre meu rosto é mais válida do que um livro de um filósofo cético dizendo que eu não tenho mãos.

Se a ideia de bom senso foi importante para a construção da democracia, cabe lembrar como, nas últimas décadas, ela foi utilizada para propósitos perversos, como o de desqualificar tudo o que é produzido pelos intelectuais. Esse é o chamado "anti-intelectualismo", muito discutido na atualidade.

O melhor contraponto foi feito pela filósofa judeu-alemã **Hannah Arendt (1906-1975)**. Em 1933, Arendt era uma estudiosa jovem e promissora, cuja pesquisa foi orientada por filósofos eminentes como **Martin Heidegger (1889-1976)** e **Karl Jaspers (1883-1969)**. Nesse mesmo ano, entretanto, **Adolf Hitler (1889-1945)** assumiu o poder na Alemanha e ela foi proibida de dar prosseguimento a sua pesquisa por ser judia. Em 1941, fugiu para os Estados Unidos, onde viveu até o fim da vida, em dezembro de 1975.

O inigualável trabalho filosófico de Hannah Arendt abarca temas como a política, a autoridade, o totalitarismo, a educação, a condição laboral e a violência. O seu primeiro livro,

As origens do totalitarismo, que lançou aos 45 anos de idade, consolida o seu prestígio como uma das maiores figuras do pensamento político ocidental. O objetivo era mostrar as bases daquela nova forma de governo que era o totalitarismo.

Contudo, aqui quero tratar de outro livro de Arendt, lançado em 1963, *Eichmann em Jerusalém*. É nele que ela trata da *banalidade do mal*, tema do qual eu gostaria de falar com mais detalhes. Em 1960, em Buenos Aires, um comando israelense capturou Adolf Eichmann, um dos mais importantes funcionários encarregados da chamada "solução final" para o problema judeu — na prática, uma política de extermínio da população semita durante a Segunda Guerra Mundial (1939-
-1945). Homem magro, de altura mediana, meia-idade, quase calvo, dentes tortos, olhos míopes e tique nervoso na boca, Eichmann foi julgado em Israel dentro de uma cabine de vidro à prova de bala. Embora tenha sido personagem-chave na burocracia do extermínio, Eichmann, pessoalmente, nunca matou um judeu. Arendt ofereceu-se como repórter da revista *The New Yorker* para cobrir o evento. *Eichmann em Jerusalém* nada mais é do que a série de artigos que escreveu sobre o caso.

O livro, caraterizado pela riqueza de detalhes e descrições, comporta uma incrível complexificação do conhecimento sobre o nazismo, incluindo informações pouco conhecidas pelo público brasileiro, tais como a estruturação do nazismo na Hungria, na Romênia, na Bélgica e na Dinamarca. Mas não trataremos desses detalhes aqui.

Hannah Arendt diz, no posfácio da obra, que a maior lição que podemos ter do julgamento de Eichmann é sobre a *banalidade do mal*. O que ela quis dizer com a ideia de banalidade do mal e o que isso tem a ver com o mundo de hoje?

Eichmann foi acusado de crimes contra o povo judeu, crimes contra a humanidade e crimes de guerra. "Não sou o monstro que fazem de mim", disse o ex-oficial. Arendt, depois de tê-lo visto na gaiola de vidro em que estava exposto na sala do tribunal, concluiu que "nem com a maior boa vontade do mundo se pode extrair qualquer profundidade diabólica ou demoníaca em Eichmann". Não havia nele nenhum traço de ódio insano aos judeus ou algum fanático antissemitismo. Vários psiquiatras, a propósito, atestaram que Eichmann era um homem absolutamente sadio e que sua atitude com a família era amável. Portanto, Eichmann era terrivelmente normal: nem sádico, nem pervertido, nem monstruoso, mas assustadoramente normal. A pergunta que se apresenta a nós é: como um homem absolutamente comum, sem nenhum traço maligno, foi capaz de contribuir para um dos maiores crimes da história?

Eichmann era um homem medíocre, que sempre obedecia às vozes imperativas que o comandavam. Na verdade, em vários momentos ele mostrou que, se não havia alguém mandando nele, se não havia regulamento dizendo o que fazer, sentia-se perdido, desorientado e desnorteado. Durante seu julgamento, Eichmann lembrou que sempre foi um homem de bem, um respeitador das leis e só sentia a consciência pesada quando não fazia aquilo que lhe ordenavam. Ele orgulhava-se de não fazer muitas perguntas aos superiores e ter uma "obediência cadavérica". Via a obediência, enfim, como uma virtude, e a desobediência como um pecado.

De fato, na época do nazismo, os poderes estabelecidos diziam para os homens fazerem o mal, e que isso era o correto. Enquanto, numa sociedade democrática que eu consideraria saudável, a lei diz "Não matarás", a lei de Hitler ditava "Matarás!". O mal, que normalmente é uma tentação (você é tentado a roubar, por exemplo, mas não o faz, pois entende que não é correto), na Alemanha das décadas de 1930 e 1940 foi visto como uma virtude. Assim, foi o bem que se tornou uma tentação!

Fazia parte do nazismo, aliás, tratar o assassinato de forma burocrática, usando palavras como "evacuação" para falar de sequestro seguido de extermínio. Para falar dos campos de concentração, Eichmann usava o termo "administração". Em vez de campos de extermínio, ele usava o termo "economia". Sobre os atos que contribuíram para o sofrimento de milhões de pessoas, referia-se aos "atos de rotina". Dentro do nazismo foram criados muitos homens como Eichmann: assassinos em massa que nunca mataram, homens maldosos que acreditavam nunca terem cometido o mal.

E Eichmann era um homem incapaz de "pensamento", isto é, de um diálogo consigo mesmo rumo à independência. Eichmann era incapaz de ter empatia, de tomar para si o ponto de vista de outra pessoa. Pelo contrário, ele respondia todas as perguntas que lhe eram feitas com clichês, frases prontas, códigos de expressão e condutas padronizadas. Certa vez ele disse: "Minha língua é o oficialês", isto é, a língua da burocracia nazista.

As palavras de Eichmann eram vazias; mas ele não dizia palavras vazias para encobrir outros pensamentos, e sim porque não tinha autonomia em seu pensar. Quando foi enforcado em Jerusalém, o oficial disse: "Viva a Alemanha, viva a Argentina, viva a Áustria! Não as esquecerei". Essa frase, bastante patética, é um clichê, uma expressão pronta; mesmo no fim de sua vida, Eichmann foi incapaz de formular um pensamento. Foi a irreflexão, isto é, a banalidade de Eichmann que permitiu a ele ficar tanto tempo contribuindo para o genocídio perpetrado pelos nazistas sem sentir nenhum peso na consciência. Diante da violência do nazismo — que Eichmann conhecia —, dizia ter experimentado uma sensação similar à de Pôncio Pilatos quando o romano decidiu lavar as mãos, sem se considerar responsável por nada. Afinal, quem era ele para ter as próprias ideias sobre o assunto?

Eichmann não enxergava outra coisa a não ser sua carreira individual. Ele, enfim, poderia ter sido um diligente servidor de qualquer outro regime que lhe pagasse o salário.

Era alguém que almejava ter ascensão social, desejava que reconhecessem seus méritos, que lhe oferecessem uma carreira e pagassem sua aposentadoria. Ele entrou na SS (as Tropas de Proteção, organização nazista liderada por Heinrich Himmler) não por convicção ou ideologia, mas por vontade de construir uma carreira — a SS parecia a ele uma ótima oportunidade. Eichmann não tinha motivações malignas; sua única motivação era o sucesso pessoal. No julgamento, ele conseguia lembrar detalhes dos grandes momentos de sua carreira, mas, em contrapartida, não conseguia relacioná-los aos momentos terríveis do regime nazista.

Veja, portanto, que não se trata do mal de homens que se julgam santos ou salvadores da humanidade, como vimos anteriormente. Trata-se de um pai de família comum que tolerou os horrores nazistas ou aderiu a eles. Esse, para Arendt, é o "grande criminoso do século": um homem que, para defender sua aposentadoria, seu seguro de vida, a segurança da esposa e dos filhos se disporia a sacrificar a própria honra e dignidade. Eichmann admirava Hitler não por ele ser um genocida ou um ditador, mas por ele ser um *case* (para usar uma expressão do mundo corporativo) de sucesso pessoal, o cabo que se tornou um dos homens mais poderosos do mundo.

Pode-se concluir que o mal de Eichmann não é o mal do pecado de que falam as religiões, nem o mal dos vilões da literatura ou dos quadrinhos, que são movidos por inveja, trauma ou ressentimento. Seu mal é um mal moderno — um mal que, por não ter motivos especiais, pode ser um mal infinito. Segundo Arendt, Dostoiévski, em seu diário na Sibéria, contava que, em meio a multidões de assassinos, estupradores e ladrões, nunca encontrou um único homem que confessasse ter agido mal. Da mesma maneira, para Eichmann era uma rotina, um trabalho, uma carreira, o que era, para os judeus, uma tragédia terrível. Nasce um novo tipo de criminoso, para o qual é impossível saber ou sentir que está agindo de modo errado.

Para resumir tudo o que foi dito até aqui sobre Eichmann: a maldade não é uma condição necessária para fazer o mal. Nas palavras da filósofa: "Minha opinião é de que o mal nunca é 'radical', é apenas extremo e não possui profundidade nem qualquer dimensão demoníaca. Ele pode cobrir e deteriorar o mundo inteiro precisamente porque se espalha como um fungo na superfície".

A irreflexão, o lugar-comum e a vontade pueril de sucesso podem causar males piores do que os planos diabólicos de um vilão qualquer. Ao longo do livro, Arendt não poupou críticas aos europeus que foram coniventes com o nazismo e até mesmo aos judeus que auxiliaram Hitler para tentar mitigar os males dos massacres.

Muitos interpretaram o texto de Arendt de maneira absolutamente equivocada; pensaram que ela estaria defendendo Eichmann ou algo do tipo. Mas não tem nada a ver: a pensadora inclusive apoiava a punição de Eichmann. O oficial nazista quase nunca esteve em perigo de morte imediata — não era o tipo de soldado que, se não obedecesse, seria fuzilado. Ele poderia, por exemplo, ter feito algo para minimizar seus crimes, mas não o fez. Por várias vezes presenciou as matanças do Terceiro Reich e chegou a dizer que ficou "chocado" — mas isso não o fez abandonar seu trabalho. O que Hannah Arendt quer nos lembrar é que, em política, obediência e apoio são a mesma coisa.

LIBERDADE, RESPONSABILIDADE E O OBJETIVO DOS REGIMES TOTALITÁRIOS

No clássico de George Lucas *Guerra nas Estrelas*, os stormtroopers são uma tropa de clones que, sem consciência do

CONFERÊNCIA DE MUNIQUE

Em setembro de 1938, na Conferência de Munique, os dirigentes da Inglaterra e da França, Chamberlain e Daladier, concordaram com a anexação da região dos Sudetos pelos nazistas, para, com isso, tentar evitar a guerra. Nesse momento, os políticos franceses e ingleses, como Eichmann, não pensaram nas mortes que já eram conhecidas na Alemanha, mas apenas em seu próprio mundo, em seu próprio interesse. Preferiram a desonra à guerra, na opinião do primeiro-ministro da Inglaterra, Winston Churchill. Mas no final tiveram a guerra de qualquer maneira. E o próprio Churchill não fugiu da banalidade do mal. Em 1927, quando o fascismo estava em seus primórdios, ele elogiou Mussolini: "Se eu fosse italiano, estou certo de que estaria de todo coração com você em sua vitoriosa luta contra os bestiais apetites de paixões do leninismo [...]. [A Itália] forneceu o necessário antídoto contra o veneno russo". Muitos conservadores europeus, como o próprio Churchill, estavam dispostos a aceitar ações horrendas de Mussolini para garantir a manutenção da propriedade privada.

que fazem, obedecem cegamente às ordens do Lado Sombrio da Força (a propósito, *Stormtrooper* é a tradução em língua inglesa da *Sturmabteilung* alemã, ou Tropa de Assalto, a milícia paramilitar durante o período em que o Partido Nazista exercia o poder na Alemanha). Considerando a hipótese segundo a qual um stormtrooper é um ser desprovido de liberdade, ele não poderia ser culpado pela maldade galáctica. Entretanto, se um único stormtrooper for capaz de escapar da tirania, isso automaticamente mostra que todos os outros também têm essa possibilidade e não a realizam. Ou seja, se existir algum grau de liberdade para que possamos agir de forma diferente da que agimos, imediatamente surgirá a responsabilidade e, por consequência, a culpabilidade e a punibilidade.

Como vimos nos capítulos anteriores, só existe justiça se considerarmos que os indivíduos vivem em liberdade e poderiam ter agido de maneira distinta. O sonho dos regimes totalitaristas é destruir a liberdade dos indivíduos e, com isso, destituí-los de responsabilidade sobre os próprios atos, sobre sua consciência, sobre a capacidade de diferenciar o certo e o errado. Todas as pessoas, nessa lógica totalitária, seriam engrenagens desumanizadas, o que tornaria a justiça impossível. Hitler inclusive afirmou que sonhava com o fim da profissão de jurista! Veja, nesse sentido, as palavras de Arendt:

> *Se o acusado [Eichmann] se desculpa com base no fato de ter agido não como homem, mas como mero funcionário cujas funções podiam ter sido realizadas por outros, isso equivale a um criminoso que apontasse para as estatísticas do crime — que determinou que tantos crimes por dia fossem cometidos em tal e tal lugar — e declarasse que só fez o que era estatisticamente esperado, que foi um mero acidente ele ter feito o que fez e não outra pessoa, uma vez que, no fim das contas, alguém tinha de fazer aquilo.*

Em outras palavras, os indivíduos têm a liberdade de agir de modo diferente, e muitos o fizeram na Alemanha nazista. Por isso, Eichmann é culpado pelo que fez. É verdade que em ditaduras ou regimes totalitários muitas pessoas se conformam e aceitam o que acontece; mas existem algumas pessoas que não aceitam. E isso, não nos esqueçamos, é suficiente para que possamos concluir que *todos* são capazes de se negar a cometer atrocidades. Acredito que podemos, portanto, manter a esperança.

A conclusão que tiro é de que, em momentos históricos truculentos, como o vivido por Eichmann, é fácil ser mau: basta obedecer às ordens, basta seguir todos os comandos impostos, basta agir com os outros — a maldade torna-se o *status quo*. Para fazer o bem, é preciso sacrificar-se, arriscar-se e amar a própria liberdade. Em tempos de violência institucionalizada, para fazer o bem é preciso confrontar-se com os poderes estabelecidos, romper com o amor pelo próprio ego e, com isso, correr o risco de perder a própria vida.

BANALIDADE DO BEM, BANALIDADE DO ÓDIO

Felizmente, não vivemos em tempos tão duros quanto o de Eichmann; mas há aqui uma lição (ou várias) que permanece atual. Muitos querem fazer o bem apenas compartilhando um texto em uma rede social na internet ou mandando uma mensagem de bom-dia. Entretanto, na minha opinião, o bem mais efetivo ocorre quando deixamos de lado a possibilidade de ganhar dinheiro em um dia de trabalho para ajudar ao próximo, quando nos esquecemos de dormir para cuidar de alguém, quando paramos de estudar para um concurso para defender quem precisa ou quando abdicamos de cuidar de nosso bem-estar para auxiliar alguém necessitado. O verdadeiro bem exige de nós profundidade e sacrifício. O bem, lembra-nos Hannah Arendt, nunca pode ser banal. "O mal pode ser extremo", dizia, "mas só o bem pode ser radical" — radical, aqui, no sentido de ir à raiz da questão, de forma profunda.

Para pessoas como eu, que trabalham com YouTube e outras redes sociais, é irresistível lembrar, por analogia, da banalidade do ódio. Não é preciso muito para despertar paixões e ódios na internet. Frequentemente, se você não falar o que um determinado público quer ouvir, terá como resposta, instantaneamente, agressões e xingamento. Isso se relaciona a um processo maior de mercantilização do conhecimento: assim como, num supermercado, você espera que a lata de ervilha que você comprou atenda a suas expectativas e desejos, espera-se que uma aula ou um pensador não faça nada a não ser confirmar os desejos do estudante ou do leitor.

Na última década, vimos cidadãos comuns preencher o dia comentando vídeos e textos de jornais, derramando lá toneladas de raiva, ódio e desinformação (em que momento do dia essas pessoas fazem isso? No ônibus? No trabalho? No banheiro?). Eu mesmo já tive experiências desagradáveis de xingamentos e acusações que envolviam desde dúvidas sobre minha formação até críticas ao meu jeito de me vestir, o que se deu simplesmente porque aqueles espectadores não concordavam com as ideias centrais do pensador que eu explicava num determinado vídeo (ironia da história: eu também não concordo com ele, mas era um vídeo de preparação para os vestibulares). Inclusive, um deputado com bastante tempo ocioso chegou a compartilhar esse vídeo e elaborar um texto muito mal escrito. Obviamente, uma vida dedicada à raiva, expressa só por estar protegida pelo anonimato (o ódio não raro vem acompanhado pela covardia), não é plena nem boa.

Minha sugestão prática é: quando você vir um texto ou uma notícia sobre algo que considera errado (um crime, uma decisão de um político ou uma fala de uma personalidade), não se limite a silenciar, xingar o autor ou compartilhar em suas redes sociais — escreva também o porquê de aquilo estar errado e explique, se possível, o que você gostaria de ver no lugar. E, claro, verifique se suas fontes estão corretas. Essa é uma forma de viver a vida com mais liberdade.

POR QUE O TOTALITARISMO É AINDA UM PERIGO?

A existência de soluções totalitárias, infelizmente, ainda é um risco. A liberdade moderna, de um lado, promove nossa individualidade ao prometer uma série de possibilidades para a nossa existência. De outro, ela nos angustia com a insegurança, consequência inevitável da própria liberdade: embora existam vários caminhos para nossas vidas, nenhum deles é totalmente seguro. Contudo, lembremos: a insegurança da liberdade é sempre preferível à suposta comodidade dos regimes autoritários.

Dissemos no começo do capítulo que, para muitos, o fim da autoridade da família e da religião deixou o homem contemporâneo desamparado, sem fontes de referência para o comportamento e valores. Nessas condições, pode ser irresistível refugiar-se no totalitarismo.

Para obter algum conforto mental, é muito comum que os homens inseguros e desamparados busquem um culpado por suas frustrações, principalmente em tempos de crise (com altos índices de desemprego e violência). É nesse contexto que surge a transferência do ódio coletivo ao negro, ao judeu, ao homossexual e à mulher. Culpar um ponto externo a si, especialmente uma pessoa, e especialmente uma minoria identitária, vulnerável, que dispõe de menos espaço político para se defender, parece ser uma forma de aliviar as próprias angústias: ora, se não consigo emprego não é por culpa minha, mas porque outra pessoa tirou-o de mim. A angústia e o ressentimento em relação a um mundo que parece nos ignorar podem nos levar a apoiar, como se fosse uma solução adequada, todos os tipos de maldade.

Para evitar esse tipo de ação, as pessoas devem mergulhar em si mesmas, lidando com as próprias tensões e assumindo as próprias responsabilidades — o indivíduo deve encarar sua própria liberdade.

Agora, por mais paradoxal que possa parecer, ocorre que o individualismo excessivo também não é bom: pode nos conduzir à tirania. No século XIX, Alexis de Tocqueville, uma das referências de Hannah Arendt, lembrava que o isolamento dos homens, típico do mundo moderno, destrói a esfera pública — lugar da coletividade e da política —, o que pode favorecer a ascensão de novos despotismos. O raciocínio de Tocqueville, que era um pensador liberal e defendia a importância da manutenção da individualidade, é o seguinte: imagine que as pessoas, da mesma forma que Eichmann, estejam presas a seus desejos e ambições individuais, a ponto de acharem que essa é a única coisa que importa. Essas pessoas, então, facilmente abdicariam de suas liberdades políticas para um governo absoluto e despótico, desde que ele lhes garantisse bem-estar individual. Por isso o bem-estar, segundo ele, seria a mãe de toda servidão. Em sua obra *A democracia na América*, escreve o seguinte:

> *Imaginemos sob quais novos aspectos o despotismo poderia ser produzido no mundo: vejo uma multidão inumerável de homens semelhantes e iguais, que nada mais fazem que girar sobre si mesmos em busca de pequenos e vulgares prazeres com que saciar a alma... Acima deles ergue-se um poder imenso e tutelar, que se encarrega sozinho de lhes garantir a satisfação dos bens e de velar por sua sorte.*

E, uma vez produzido o nepotismo, os cidadãos ficariam ainda mais isolados. É o que o próprio Tocqueville afirma em outra obra, *O Antigo Regime e a revolução*:

> *O despotismo tira dos cidadãos qualquer paixão em comum, qualquer necessidade mútua, qualquer obrigação de se entenderem, qualquer ocasião de agirem juntos; por assim dizer, empareda-os na vida privada. Já tendiam a apartar-se: ele os isola; esfriavam-se uns para com os outros: ele os congela [...]. Nesses tipos de sociedade, só a liberdade pode combater eficazmente os vícios que lhes são naturais e detê-las no declive em que vão escorregando.*

Em outras palavras, uma pessoa que valoriza acima de tudo seu próprio bem-estar pode facilmente aceitar governos que oprimem minorias, que destroem o meio ambiente e violam a Constituição desde que, é claro, lhes esteja garantido esse tal bem-estar. Para utilizar termos contemporâneos, não podemos acreditar que minha liberdade resuma-se a votar a cada dois anos e ter a possibilidade de escolher um ou outro produto em uma prateleira; embora o voto e a liberdade de trocas sejam parte importante da vida democrática, eles estão longe de ser sua totalidade. O cidadão não pode resumir-se ao consumidor.

Outro pensador liberal francês, Benjamin Constant (não confundir com o militar brasileiro), afirmava que precisamos recuperar o amor pelo espaço público, pelo bem comum, pela discussão e pela convivência — o que ele chamava de "liberdade dos antigos" — de forma a complementar, e não substituir, as liberdades individuais — a "liberdade dos modernos".

Para Tocqueville e Constant, portanto, somente o verdadeiro amor pela liberdade pode salvar os homens desses totalitarismos que ameaçam a sociedade democrática. A liberdade não *serve* para ganhar dinheiro; a liberdade não *serve* para melhorar nossas economias ou desenvolver novas tecnologias; a liberdade não *serve* para nosso bem-estar; a liberdade não *serve* para nos garantir sucesso. A liberdade não serve porque não é serva, mas soberana em nossa vida. São essas coisas todas que devem servir à causa da liberdade, e não o contrário.

Essa concepção filosófica da liberdade como um fim em si mesma pretende nos livrar da possibilidade de que uma pessoa, ou um grupo de pessoas, de alguma maneira, utilize da opressão ou da tortura para nos ensinar nossos "verdadeiros" e "puros" desejos e aspirações. A liberdade dos indivíduos para buscar a felicidade é algo que tem fim em si mesmo, e não pode, de maneira alguma, constituir um meio para finalidades supostamente mais importantes. Lembremos uma lição que nos deixaram os anarquistas: é o poder que, em muitos casos (ou, para os anarquistas, sempre), cria a ilusão de sua própria necessidade. A angústia que a liberdade inevitavelmente nos proporciona só pode ser solucionada dentro da própria esfera de liberdade, e não por meio de alguma fuga desesperada.

Por isso, Tocqueville disse: "quem busca na liberdade outra coisa que não ela própria foi feito para servir" (a esse ponto do livro, você deve ter percebido que Tocqueville e Hannah Arendt estão entre meus filósofos favoritos). Em outras palavras, qualquer liberdade que mereça esse nome é indeterminada: devemos estar seguros de usá-la como bem entendermos. Com o devido perdão pela feiura da frase: a liberdade deve ser livre.

A FILOSOFIA NOS SALVARÁ DA MALDADE?

Vimos até aqui várias fontes do mal: pessoas que se enxergam como santos ou líderes revolucionários praticam o mal, pois veem os outros como um meio para libertar a humanidade; pessoas que são egoístas aceitam o mal, pois estão concentradas em seus próprios interesses e ambições individuais; pessoas que não possuem amor à liberdade são coniventes com o mal desde que não as afete e lhes garanta bem-estar; pessoas que endossam o mal por falta de pensamento ou por pragmatismo; pessoas que, ressentidas por sua insignificância e ansiosas por sua condição humana, recorrem desesperadamente ao mal como forma de buscar algum sentido. E, ponto importante, quase todas elas se apresentam como pessoas boas.

Espero ter mostrado como o pensar, isto é, a filosofia, pode nos livrar do mal. Em tempos nos quais muitos prometem a solução para nossas angústias por meio do fim da liberdade, o autoconhecimento é armadura de proteção, o amor ao próximo é coragem, e a solidariedade desinteressada é a genuína humanidade. Em tempos nos quais o mal é a regra, fazer o bem é, em si, um ato político. Deus me livre, citando novamente a música de Chico César, depender da "caridade da pessoa ruim"...

E o que fazer quando o próprio pensamento nos leva ao ódio e à destruição? Há casos em que a própria razão pode ser bárbara? Se a razão puder ser bárbara também, isso significa que nem sempre a filosofia pode nos salvar. Conversaremos sobre isso no próximo capítulo.

7

TOLKIEN, HITLER, A RAZÃO INSTRUMENTAL E *O SENHOR DOS ANÉIS*

A despeito da nossa orgulhosa pretensão de dominar a natureza, ainda somos suas vítimas, pois não aprendemos nem a nos dominar.

[...] Nossas vidas são agora dominadas por uma deusa, a Razão, que é a nossa ilusão maior e mais trágica.

— CARL JUNG, *O HOMEM E SEUS SÍMBOLOS*

J.R.R. Tolkien foi um escritor inglês, professor de filologia e língua inglesa em Oxford, nascido no território que atualmente corresponde à África do Sul. Em 1916, foi enviado para lutar nas trincheiras da Primeira Guerra Mundial (1914-1918). Acometido por uma infecção bacteriana, a chamada "febre das trincheiras", deixou as batalhas. Na universidade, aproximou-se de outro professor, C.S. Lewis, com quem manteve um grupo de leitura e discussão chamado The Inklings. Lewis foi o autor do conhecido clássico *As crônicas de Nárnia (1950-1956)*. Em 1937, Tolkien publicou sua primeira obra, *O Hobbit*. Quando irrompeu a Segunda Guerra Mundial (1939-1945), seu filho, Christopher Tolkien, seguiu o mesmo destino do pai e tornou-se aviador.

Entre 1954 e 1955, após a guerra, Tolkien lançou sua obra-prima, *O Senhor dos Anéis*, que havia começado a escrever ainda em 1937. O livro nos conta sobre uma jornada fantástica na qual quatro hobbits (Frodo, Sam, Merry e Pippin), dois humanos (Aragorn e Boromir), um elfo (Legolas), um anão (Gimli) e um mago (Gandalf) partem para destruir um anel poderoso. O anel confere poder a quem o usa, e causaria um grande dano a todos se caísse nas mãos do Senhor Sombrio, Sauron.

Em várias cartas trocadas com o filho, Tolkien relaciona a obra em construção ao contexto da Segunda Guerra Mundial, chamando Hitler de "Sauron". Sauron não foi, contudo, inspirado em Hitler; ocorre que Tolkien vê elementos da sua mitologia, e como extensão de todas as boas mitologias, na Segunda Guerra — o que ele está dizendo quando chama Hitler de Sauron é que Hitler o lembra de Sauron e de outras figuras mitológicas que representam o mal.

Mas ele salientava que, na vida real, as complexidades eram maiores, de modo que era necessário aliar-se a monstros (provavelmente, ele se referia à aliança entre os países ocidentais e a ditadura soviética) para derrotar o mal maior (Hitler).

O SENHOR DOS ANÉIS E O PENSAMENTO CRISTÃO

Tolkien era um escritor conhecidamente católico. Após o falecimento de seu pai, quando tinha apenas 4 anos, sua mãe, anglicana, converteu-se ao catolicismo e, por essa razão, perdeu o auxílio do restante da família. Tolkien e seu irmão foram então acolhidos pelo padre Francis Xavier Morgan. Segundo o historiador Paulo Cristelli, autor de *J.R.R. Tolkien e a crítica à modernidade*, o próprio autor confessou que o centro de *O Senhor dos Anéis* é o conhecido trecho do pai-nosso: "não nos deixeis cair em tentação". A obra de Tolkien não é alegórica (isto é, não há um personagem que represente Jesus e outro que represente Maria), mas é percorrida por temas católicos, como a redenção, o perdão, o companheirismo e a exaltação dos humildes. O humano Boromir, embora tentado pelo anel, consegue sua redenção ao sacrificar a própria vida para salvar Frodo. Há na obra monstros (orques), homens poderosos e elfos belos e imortais, mas quem salva o mundo são os humildes, os mais fracos, de coração mais simples e amantes de uma vida frugal, os hobbits. Não obstante, os hobbits só conseguiram salvar o mundo porque Frodo, que também falha no final, perdoou Gollum, uma criatura que, fanática pelo poder, acaba perdendo a sua humanidade. É o perdão que, no fim, salva todo mundo, apesar da fraqueza dos seres vivos. Todo o heroísmo, aliás, não é individualista, mas está ancorado na amizade e no companheirismo, representados, sobretudo, por Sam, uma espécie de Sancho Pança da Terra-Média.

Muito esclarecedora, aliás, a construção do tema do mal na obra. Em Santo Agostinho, a criação de Deus é bela, boa e permanente. O mal não deriva de Deus, mas da corrupção das coisas boas e belas: fazemos o mal por falta de entendimento do universo e dos propósitos divinos. Fazemos isso quando escolhemos o bem menor ou preferimos as criaturas em vez do Criador. Em resumo, o mal não é uma criatura, não tem substância, não é algo que foi criado: "Se me perguntam o que é o mal, eu respondo: o Mal não é!", afirmou Santo Agostinho. Quando dizemos que, para ele, o "mal é a ausência de bem", não queremos dizer que o mal está onde Deus não está, mas apenas que, no universo, existe um Criador, que é superior às criaturas. O mal, para Santo Agostinho, acontece quando preferimos as criaturas ao Criador, e isso não porque nosso ego, nossos amores ou nossa comida sejam coisas más em si: nada disso tem uma substância diabólica. Mas sim porque as coisas se tornam más *se* preferidas pelo homem em vez do Bem supremo, que é Deus. O mal, assim, não possui substância, mas se constitui, por exemplo, da escolha de um bem menor a Deus ou da falta de compreensão de todas as coisas.

Da mesma maneira, em *O Senhor dos Anéis*, tudo que é orginal é bom e todo mal não faz parte da criação, mas representa uma corrupção. Essa ideia também aparece em outro livro de Tolkien, *O Silmarillion*, que é uma espécie de Antigo Testamento da Terra-Média. Eru Ilúvatar, o Criador da Terra-Média na obra de Tolkien, é o único que possui a chama imperecível, o único capaz de criar algo do nada.

O SENHOR DOS ANÉIS COMO CRÍTICA AO MUNDO MODERNO

Tolkien era também um crítico da própria modernidade, materializada pela tecnologia e suas brutalidades (consta que ele, por convicção, preferia se locomover a pé ou de bicicleta a usar o carro). Frequentemente, aliás, Tolkien se queixava da frieza, feiura e despersonalização que a tecnologia criou nas grandes cidades.

Essa crítica não era sem motivo, uma vez que, no fim do século XIX e início do XX, mais do que nunca, a ciência era utilizada para a destruição, por meio, por exemplo, da criação de bombas: a modernidade engolia seus filhos. As estimativas mais modestas falam em pelo menos 10 milhões de pessoas mortas na Primeira Guerra Mundial e mais de 50 milhões na Segunda Guerra. Adolf Hitler, aliado a muitos médicos e cientistas alemães, propunha criar um mundo novo e mais belo por meio da extinção de pessoas que ele entendia pertencerem a raças inferiores ou serem degeneradas (judeus, ciganos, negros, homossexuais, comunistas e poloneses).

Como mostrou o cineasta Peter Cohen no clássico documentário *Arquitetura da destruição*, o nazismo era um projeto pretensamente racional, pseudocientífico, que envolvia setores da alta intelectualidade alemã e empresas da mais avançada tecnologia, muitas das quais existem até hoje. O nazismo e as guerras mundiais não são típicos de uma mentalidade *antiga* e *antiquada*: nenhuma sociedade medieval ou bárbara produziu algo semelhante, mesmo em termos proporcionais. Não só os meios técnicos militares eram ausentes nesses pe-

OS EFEITOS COLATERAIS DA MODERNIDADE

De acordo com Max Weber, autor de *A ética protestante e o "espírito" do capitalismo* e *A ciência como vocação*, a modernidade é o espaço do desencantamento do mundo, quando a poesia, a imaginação, a magia e o mito são vistos como "perda de tempo" e "superficialidade", sendo paulatinamente substituídos pela impessoalidade, pela burocracia e pela frieza. Naturalmente, a vivência mística da religião perde espaço em um contexto de secularização. Com o desencantamento do mundo, todas as relações são consideradas em termos financeiros; o tempo, que é vida, passa a ser visto como dinheiro. "Amigos, amigos, negócios à parte" é um terrível ditado, hoje popular, que resume uma visão calculista para a qual o dinheiro está acima de todo afeto e fraternidade. Busca-se amizade não para criar laços verdadeiros, mas para criar "contatos" e, com isso, ganhar dinheiro. Tratamos a nós mesmos como empresas: buscamos, a todo momento nas redes sociais, vendermo-nos como se fôssemos produtos, provando aos outros que vivemos de maneira leve, feliz e bem resolvida, à maneira de uma propaganda de sabonete na televisão. Em *Tempos difíceis*, de Charles Dickens, o liberal utilitarista Thomas Gradgrind representa essa modernidade: sempre com uma régua e uma balança no bolso, ele busca medir e quantificar todas as partes da natureza humana. Esses aspectos da modernidade são também criticados por Tolkien.

ríodos, mas também conceitos como "as massas", "os partidos políticos" ou a "centralização", essenciais ao fascismo. As barbaridades do século XX relacionam-se ao próprio mundo moderno e suas contradições.

Foi pensando nisso que os filósofos alemães **Theodor Ludwig Adorno (1903-1969)** e **Max Horkheimer (1895-1973)**, também críticos da modernidade, expoentes da chamada Escola de Frankfurt, lançaram sua *Dialética do es-*

clarecimento, na qual defendiam que a nossa razão ocidental não é natural, universal ou portadora de uma "neutralidade cientifica", como muitas vezes se pensa, mas fortemente instrumental. O que isso significa? Em resumo, que nossa razão é dominadora: nós vemos o mundo como algo a ser esquadrinhado, ordenado, submetido aos nossos propósitos. Nesse sentido, a racionalidade ocidental destrói a natureza em nome de seus ideais de progresso, eficiência e sucesso, que aparecem como fins em si mesmos. O mais natural seria a razão e a técnica servirem ao nosso bem-estar, a nossa felicidade e harmonia. A razão instrumental, pelo contrário, faz o ser humano servir à máquina e ao progresso. Todos nós sabemos que o homem é um ser que pertence à natureza; a racionalidade ocidental, pelo contrário, nega esse fato e esforça-se por destruir e submeter a natureza. Como afirmou **Walter Benjamin (1892-1940)** em *Sobre arte, técnica, linguagem em política*, "toda a natureza começaria por lamentar-se, se lhe fosse concedida a linguagem".

Entretanto, nossa racionalidade não é brutal apenas em relação à natureza, que é exterior; ela também é repressora no que diz respeito ao nosso próprio interior. Frequentemente, nossas alegrias, nossos desejos, nossos sonhos e mesmo nossas angústias e tristezas são tratados como se devessem ser em todos os momentos reprimidos e abafados, como se fossem "perda de tempo" e não tivessem lugar neste mundo orientado pela produtividade e pela necessidade de fazer propaganda de si mesmo. E tudo isso sempre em nome do sucesso pessoal e da eficiência.

A racionalidade ocidental torna o próprio homem uma estatística, um número, que a todo momento pode ser substituído por outro. Acredita-se que a alegria possui um preço, pode ser medida (lembremos, como falamos no capítulo 1, "Amor e filosofia", daqueles que acham que os sentimentos não são nada além de "reações químicas"). Perseguindo a precisão e a utilidade, o homem ocidental sufoca sua vida. Nesse sentido, a publicidade e a propaganda, a todo momento criando em nós desejos falsos, acabariam por reforçar essa repressão de nossa própria natureza. Mesmo a arte, produzida em massa, de forma padronizada, para o consumo de uma indústria, foi vítima dessa racionalidade.

Quantas vezes não vemos, em escolas ou empresas, a alegria própria à vida ser brutalmente violada em nome de estatísticas, aprovações no vestibular ou vendas? Quantas vezes não vemos políticos cortando verbas da saúde em nome de um suposto "bem da economia"? Quantas vezes não tratamos nosso corpo e nossa vida como uma empresa, tentando tornar tudo "rentável" e adaptável ao gosto dos outros, como uma mercadoria? Nesses casos, a vida, que afinal é tudo o que temos, é destruída em nome de finalidades abstratas. Todo nosso esforço existe não para o bem viver, mas para sustentar uma enorme máquina irracional: eis a irracionalidade violenta de nossa razão ocidental.

O problema, segundo os autores, é que uma pessoa que é violenta consigo mesma acaba também sendo violenta para com o próximo. Em outras palavras, o silenciamento dos nossos impulsos de vida daria força a nossos impulsos destrutivos — o que foi esmagado voltaria na forma de violência e barbárie. Culturas muito autoritárias, nesse sentido, tendem a ser culturas violentas, como havia mostrado Sigmund Freud. Nas palavras de Adorno, em *A educação após Auschwitz*:

> *A pessoa dura consigo mesma arroga-se o direito de ser dura também com os demais e se vinga neles da dor cujas emoções não pode manifestar [...]. A angústia não deve ser reprimida. Quando a angústia não é tolhida, quando o indivíduo se permite ter tanta angústia quanto essa realidade merece, então, provavelmente, desaparecerá grande parte do efeito destruidor da angústia desviada.*

Os diversos totalitarismos, como o nazismo e o stalinismo, seriam uma expressão, na política, dessa razão instrumental. Em *O Senhor dos Anéis*, o mago Saruman é a imagem da racionalidade instrumental, embora não saibamos se Tolkien em algum momento leu Adorno e Horkheimer. Saruman, assim como Hitler, por meio da destruição e da tortura, visava produzir "super-homens". Em sua torre, o mago fazia terríveis experimentos e produzia um exército de monstros (os orques) aprimorados. A linhagem de orques de Saruman, chamados Uruk-hai, era capaz de trabalhar dia e noite, diferentemente dos orques originais. Para essa produção, Saruman destruiu a natureza e produziu ao seu redor uma imagem degradante e horripilante.

O SENHOR DOS ANÉIS: UMA REVOLTA CONTRA A MODERNIDADE

Como nos lembra Paulo Cristelli, em *O Senhor dos Anéis*, algo inesperado ocorre: as árvores (chamadas Ents) se revoltam contra o mago. A própria natureza devastada se volta contra o devastador e, por fim, o destrói numa batalha épica. Quando violamos irresponsavelmente a natureza, estamos na verdade destruindo a nós mesmos.

Segundo Adorno e Horkheimer, contra a razão instrumental, precisamos reencantar o mundo. Não é necessário abandonar os avanços da indústria (lembre-se de que vimos, em nosso capítulo sobre Kant e o veganismo, como somente os avanços tecnológicos nos permitiram pensar na possibilidade de igualdade), mas conciliá-los com a nossa sensibilidade. É preciso uma nova relação com o tempo e com a vida, que não seja esse tempo industrial, padronizado e massificado, consagrado unicamente ao trabalho e à acumulação.

Sem abandonar os avanços da modernidade, podemos reencontrar a comunidade, buscar a harmonia com a natureza e o encantamento com a vida. Não se trata de valorizar o irracional — entendido aqui como a negação da racionalidade, por exemplo, os diversos negacionismos científicos com os quais convivemos hoje —, mas de valorizar também o "não racional", isto é, esferas de nossa vida que não podem ser reduzidas ao aspecto científico ou tecnológico, como a música e o teatro (distinção feita por Michael Löwy e Robert Sayre no livro *Revolta e melancolia*).

Talvez seja por isso que, em *O Senhor dos Anéis*, os incumbidos de salvar o mundo da tentação do poder ilimitado, representado pelo anel, são os hobbits, criaturas adoráveis e de pés peludos, amantes de uma vida simples, livres da ambição, capazes de fruir da doçura do tempo e de seus pequenos prazeres, mais preocupados em brincar com a fumaça do cachimbo do que com as fortunas e os impérios do mundo. Fora do tempo industrial, fora da angústia da posse, do reconhecimento e do sucesso, os hobbits têm muito a nos ensinar.

Na narrativa, foi Gandalf quem liderou o grupo que intentava destruir o anel e também quem sempre alertou a todos sobre o uso indiscriminado do poder do anel. Há um momento em que Gandalf fala sobre uma esfera mágica usada por Saruman, a Palantír, e usa uma frase com a qual podemos aprender muito: "São perigosos para todos nós os expedientes de uma arte mais profunda do que nós mesmos possuímos". Gandalf resume aqui todo o protesto romântico contra o mundo alienado, no qual nos tornamos estrangeiros na própria vida. A vida, o trabalho e a técnica não devem ser alheias a nós — essas coisas, pelo contrário, existem para nos servir. Não à toa, durante a Guerra Fria (1947-1991), Gandalf virou símbolo do combate contra as armas nucleares (que são o nosso moderno "anel do poder"), e os hippies frequentemente usavam o bóton "Gandalf para presidente". Seria uma boa ideia.

Mas é possível reencantar o mundo, como foi proposto neste capítulo, quando nos parece que a beleza está morta e tão poucas pessoas se importam com isso? Como recuperar a beleza e reencantar o mundo na era das máquinas de refrigerante? Entraremos, agora, nessa espinhosa questão.

8
VOCÊ TEM FOME DE QUÊ? ARTE É FUNDAMENTAL!

Existirmos: a que será que se destina?

— CAETANO VELOSO

UTOPIA, FELICIDADE, ARTE E BELEZA: PARA QUÊ?

O mestre da distopia, George Orwell, em sua coletânea de textos publicada no Brasil como *O que é fascismo? E outros ensaios*, lembrou-nos de uma dura verdade: quando os idealistas descrevem a sociedade perfeita que buscam alcançar, jamais falam de um lugar no qual gostaríamos de morar. A república de Platão, na qual apenas os filósofos governam — livres de quaisquer formas de ambição, corrupção ou egoísmo —, parece para muitos um exemplo de justiça, mas não de felicidade.

Um lugar com total segurança, poucas horas de trabalho, perfeita higiene e controle de natalidade é um lugar onde todos nós provavelmente morreríamos de tédio. É por isso que, na história da arte e da literatura, o inferno, com suas descrições fantásticas e empolgantes, sempre foi mais interessante que as tediosas passagens sobre os céus.

Todos os paraísos, lembra-nos Orwell, seriam como o quadro de Pieter Bruegel, o Velho, *O país da cocanha*, onde três homens obesos jazem com a cabeça próxima um do outro próximos a um tronco circundado por uma tábua redonda repleta de comida e bebida, enquanto um ovo cozido e um pernil de porco assado parecem vir em direção a eles para serem devorados por sua própria vontade. Nas palavras de Orwell:

> *Quase todos os criadores de utopia se parecem com o homem que está com dor de dente e, por isso, pensa que a felicidade consiste em não ter dor de dente. Eles querem produzir uma sociedade perfeita mediante uma interminável continuação de algo que só foi valioso porque era temporário.*

O filósofo prussiano Arthur Schopenhauer foi um dos pensadores que melhor tratou desse problema. Schopenhauer enxergava a vontade, e não a razão, como o principal motor da existência humana. Diferentemente do que acreditamos, não estaríamos realizando nossos propósitos íntimos. Como diz uma interessante frase atribuída a Schopenhauer: "a Vontade é um cego robusto que carrega um aleijado que enxerga". Nossa consciência é, exatamente, esse homem que está sendo carregado: tem uma deficiência física, sabe o que está fazendo e é determinado por uma força que não controlamos, mais poderosa do que ele. Se não realizarmos nossa vontade, ficamos insatisfeitos. Mas se nossa vontade for completamente satisfeita, a sensação será ainda pior: morreremos de tédio! Nas palavras do filósofo:

> *Imaginemos, por um instante, que a humanidade fosse transportada a um país utópico, onde os pombos voem já assados, onde todo o alimento cresça do solo espontaneamente, onde cada homem encontre sua alma gêmea e a conquiste sem qualquer dificuldade. Ora, nesse país, muitos homens morreriam de tédio ou se enforcariam nos galhos das árvores, enquanto outros se dedicariam a lutar entre si e a se estrangular, a se assassinar uns aos outros.*

Diante desse problema, o que fazer? Entre outras coisas, Schopenhauer dará uma solução um pouco difícil de aceitar: como os desejos, satisfeitos ou não, levam-nos à insatisfação, o caminho para alcançar a paz seria aprender a não desejar. Mas, como discutimos em nosso capítulo sobre o amor, se, a fim de alcançarmos a paz, não desejarmos nada, podemos acabar por sufocar a própria vida.

Pensemos esse problema de maneira distinta. Segundo Orwell, para desfrutar de sua existência, o ser humano precisa de emoção, de luta e de sacrifício. Se não conseguirmos criar uma sociedade que lhe dê isso, governantes autoritários podem aproveitar-se desse fato; lembremos que Hitler e Mussolini não prometiam apenas conforto, mas luta e vingança. Com isso, eles forneciam — da pior maneira possível — um sentido à vida dos homens. O problema, então, é o seguinte: como criar uma vida de emoção e de luta sem precisar recorrer, como fizeram os líderes fascistas, ao masoquismo ou ao fanatismo?

PLATÃO, ARTE E BELEZA

A área da filosofia que estuda o belo chama-se "estética". A palavra "estética" (do grego, *aísthesis*) significa sensação ou sentimento. K. H. Rosenfield, no seu livro *Estética* (que teve grande influência na escrita deste capítulo), afirma que a estética estuda o que é produzido pela nossa sensibilidade (sendo produto artístico ou não), bem como sua integração com nossas atividades físicas e mentais e suas relações com a ética ou o conhecimento. Embora muitos identifiquem arte e beleza (ou ao menos enxergam a arte como a busca do belo), veremos que essa relação é muito mais complicada.

Nossos gostos e preferências dependem só de nós, são convenções de uma época ou são imposições sociais? Poderíamos encontrar algo que todos acham belo ou a beleza é absolutamente relativa? Existe uma racionalidade por trás do que achamos belo? Existe uma diferença entre cores, sons e formas da natureza e cores, sons e formas criadas pelo homem? Podemos chamar de belas as coisas que não são humanas? Tudo que é belo é bom? Tudo que é bom é belo? Tudo que é belo é verdadeiro? Tudo que é verdadeiro é belo? São essas e outras questões que a estética nos traz.

Platão foi um dos primeiros filósofos a pensar a questão do belo e da arte, no século IV a.C. Em sua infância, ele viu o nascimento das primeiras pinturas de retrato e cenografias com efeito de perspectiva (*trompe-l'oeil*), o que pode ter inspirado suas noções centrais da metafísica, segundo a qual existe uma realidade que é uma cópia e outra realidade que é um modelo ideal (como visto no capítulo anterior).

No fim de *O banquete*, Platão alude a um discurso da sacerdotisa Diotima, que introduz a beleza como uma ideia que apenas o filósofo pode alcançar, pois estaria além da sensibilidade nos conduzir para além do corpo, para além do sentido, em direção ao âmbito suprassensível. As coisas são belas por participarem de uma ideia do belo. Não teriam nenhuma ligação com o fato de incitarem ou não o nosso prazer.

Platão via algumas formas de representação, como a pintura de um retrato, com enorme desconfiança. Para ele, ao reproduzirmos a realidade (*mimesis*), criamos uma mentira, uma sombra. Uma vez que o nosso mundo sensível é uma cópia do mundo das ideias, a pintura seria uma "cópia da cópia" e, por isso, estaria a três graus da verdade. Por sua vez, o poeta usaria palavras para incitar emoções prejudiciais ao caráter.

Entretanto, a música e a dança, se forem acompanhadas de severa regulação (ele condena, por exemplo, os excessos dos banquetes e dos vinhos), podem contribuir para controlar nossas paixões (uma virtude que ele chamava "temperança"). Para o filósofo, elas alimentariam o ritmo, a disciplina, a memória e a harmonia.

ARTÍSTICO X ÚTIL

Nas culturas mais antigas, não havia distinção entre objeto artístico e objeto útil. Como assim? Os canais de irrigação ou as pirâmides do Egito, embora belos para nós, tinham motivo técnico ou religioso. A palavra grega para "arte" é *tékhnē*: os gregos não viam diferença entre as artes que produzimos para ser bonitas (pintura, arquitetura, escultura) e a produção de artefatos, entre o artista e o artesão. Apenas no movimento chamado Renascimento Cultural (séculos XIV-XVI), começará a ganhar força a ideia da pintura como *arte liberal* (digna de um homem livre), e não como *arte mecânica* (própria de um trabalhador material). Contudo, mesmo no Renascimento, os pintores ainda eram vistos como artesãos — vale lembrar como o grande Sandro Botticelli, autor de *O nascimento da Vênus*, por exemplo, também pintava baús de casamento. Hoje, aliás, há uma busca por convergência entre beleza e utilidade: queremos objetos úteis (nossos utensílios de casa, por exemplo) que sejam também belos (você mesmo espera, por exemplo, que a capa e a confecção deste livro não sejam apenas úteis para sua leitura, mas também belas). Não devemos ser apressados e afirmar que estamos voltando aos paradigmas antigos, mas entender que se trata de uma época substancialmente diferente das outras.

Para Platão, a questão da Beleza, portanto, está ligada à questão do Ser, ao passo que aquilo que chamaríamos de arte (pintura, escultura, música) está no domínio da Mímese. A questão da Beleza é ontológica. A questão da Arte é a representação.

Seja como for, a noção de Platão segundo a qual a beleza nos remete a algo maior é bastante sedutora. Na Idade Média, influenciado pelo filósofo, Santo Agostinho, embora não negue o poder de atração das coisas sensíveis, dirá que nada se compara à luz divina de Deus, da qual provém a beleza autêntica, superior às coisas naturais. Até hoje, por exemplo, é comum vermos pessoas dizendo que a beleza de uma paisagem ou de um filho recém-nascido é evidência da existência de Deus.

Pensamos a relação entre arte e verdade a partir da pintura *O retrato de Nicolaes Ruts*, de Rembrandt, do século XVII.[1] Na obra, encomenda da família desse comerciante de peles, Ruts, vestindo um casaco de pele e um gorro ushanka (típico russo), segura um papel, simbolizando sua atividade profissional. O rosto de Ruts é envelhecido, cheio de pesar e sabedoria. Se repousarmos nossos olhos na pintura, com seus contrastes dramáticos de iluminação, parece existir muito mais do que uma imitação: a incomparável beleza que emana do quadro nos faz pensar que a arte pode triunfar sobre a finitude da vida e a fragilidade de nossa natureza. A propósito, mesmo a fotografia, nos dias atuais, não representa um registro passivo da realidade: ela reproduz um olhar, fixa um instante e reproduz as cores de acordo com uma gama específica.

ARISTÓTELES, ARTE E BELEZA

A estética de Aristóteles concentra-se em seu livro *Poética* — que, a propósito, não foi preservado por inteiro, restando para nós apenas o que diz respeito à tragédia. *Poética* vem de *poíesis*, uma palavra grega que significa "criação", "capacidade criativa" ou "obra poética".

Para Aristóteles, manifestações artísticas como a pintura, a escultura, a literatura e mesmo a música são a base do comportamento humano, pois a arte tem um potencial peda-

---

1 *Você pode ver uma reprodução da obra no site do museu Frick Collection, onde está instalada: www.frick.org/sites/default/files/archivedsite/exhibitions/ rembrandt/ruts.htm.*

gógico. Pensemos em todos os infortúnios que heróis como Aquiles ou Odisseu precisaram passar; nós, em contrapartida, podemos aprender com as experiências desses heróis apenas assistindo a uma peça de teatro sobre suas peripécias. A arte pode nos tornar mais experientes.

A tragédia, além disso, tem o potencial de purificar — a palavra grega para purificação é *khátarsis*. Quando assistimos a um bom filme ou a uma emocionante partida de futebol, costumamos dizer que saímos "de alma lavada" — essa é a sensação chamada "catarse". No caso do teatro, esse sentimento pode ser ainda mais poderoso.

Para Aristóteles, portanto, tragédia é pedagógica e catártica. Isto é, ela é útil como ensino e como remédio. Não se trata, veja só, de Beleza.

KANT E A ARTE

Ao longo da chamada Idade Moderna (XV-XVIII), ganha força a noção de que a beleza é subjetiva, isto é, depende menos do mundo exterior e mais de nós mesmos, de nossas questões e gostos pessoais. Essa ideia, evidentemente, está imbricada com a noção moderna de individualidade. Tenho certeza, aliás, de que essa é a posição de muitos de meus caríssimos leitores. Mas, se isso é verdade, como há obras de arte que são admiradas por tantas pessoas, em culturas, localidades e épocas tão distintas? O filósofo David Hume astuciosamente lembrava que há mais consenso de que Homero e Shakespeare são grandes autores do que sobre muitas das verdades da física ou da medicina. Quem disse que a arte é totalmente subjetiva e a ciência totalmente objetiva? A beleza possui uma razão universal ou é produto de um gosto particular?

Immanuel Kant tentou resolver esse problema. Para ele, a música, por exemplo, é pura sensação, para a qual não há palavra, conceito, imagem ou representação intelectual. Entretanto, nós conseguimos, mesmo assim, analisá-la, falar a seu respeito, discutir, decompô-la matematicamente — porém, sem chegar nunca à mínima prova exata de que ela é ou não bela. O gosto, de fato, não se apoia em conceitos científicos exatos, mas, em contrapartida, pode ser discutido e analisado. É impossível demonstrar a validade de nossos julgamentos estéticos, mas é legítimo discuti-los. É por isso que, para Kant, o belo é a parcial reconciliação da natureza com o espírito, da sensibilidade com os conceitos — um jogo livre entre a imaginação e o entendimento.

E para que serve a beleza? Por que admiramos obras de arte, como as pinturas que citamos neste capítulo? Difícil obter uma resposta clara, certo? Vivemos em uma época em que tudo parece ter uma utilidade — as coisas devem "servir" para que as pessoas possam ganhar dinheiro, para se embelezar ou se autopromover. Recentemente, ouvi alguém dizendo que, ao postar em uma rede social um momento em que se divertia em uma festa, estava "monetizando" sua experiência. Tudo, até nossas experiências íntimas, parece precisar ter uma utilidade. Dessa maneira, a definição de Kant, da beleza como "finalidade sem fim", um objeto de satisfação desinteressada, será incompreensível para muitos. Por essa razão, infelizmente, muitos de nossos políticos não conseguirão nunca compreender a importância das artes para as escolas — para eles, o que é "inútil" (ou seja, o que não tiver utilidade direta para o dinheiro) não precisa ser ensinado.

É importante indicar que Kant não estava preocupado com as questões artísticas. O objetivo da Crítica do Juízo é preencher a lacuna entre o reino da autonomia moral (definido na Crítica da Razão Prática) e o reino das leis determinantes científicas (definido na Crítica da Razão Pura). Era preciso estabelecer um âmbito fora da Razão Moral e do Entendimento Científico, mas que pudesse manter a conexão entre eles. Para isso, Kant pensou em juízos de gosto conduzidos não pela simples sensibilidade (prazer e utilidade, como na estética de Hume) nem determinados por conceitos do entendimento (portanto, seriam exteriores ao plano do conhecimento), nem pelas ideias da razão moral (portanto, seriam exteriores ao plano dos fins morais). Para Kant, a esse plano intermediário estava nos juízos de gosto a respeito da Beleza. A Beleza, dessa forma, não poderia ser reduzida ao prazer nem ao útil, não seria um tipo de conhecimento nem seria subordinada ao plano da moral), embora pudesse (de maneira lúdica) causar prazer, ser útil, mimetizar o conhecimento e exaltar as ações boas.

O QUE É O SUBLIME?

Podemos pensar ainda em um dos temas mais caros à reflexão estética: o sublime. Você já se sentiu admirado diante das possibilidades inesgotáveis dos números e cálculos? Seria algo como o sublime matemático. Já o sublime natural é o que vem de vulcões e tempestades, quando sentimos um tremor nas pernas ao pensar em nossa finitude diante da potência infinita do cosmos. O que é sublime arrebata e estimula nossa imaginação.

Enquanto o belo pode funcionar como uma norma de julgamento, o Sublime é ilimitado, amorfo e infinito, extrapola a pura sensibilidade e os conceitos do entendimento.

O sublime pode nos causar horror (um precipício imenso), admiração (as estrelas) ou a noção de magnífico (uma bela igreja ou um palácio como Alhambra, na Espanha). Caspar Friedrich David, em *Caminhante sobre o mar de névoa*, obra que foi um expoente do Romantismo, representa com perfeição o sublime — a obra mostra o sujeito que, silenciosamente, contempla aquilo que se apresenta como grandioso e inefável. Quando admiramos a beleza do sublime, percebemo-nos como efêmeros — o arrebatamento que o belo nos traz dilui toda a nossa individualidade. No século XIX, Gênio e Sublime serão as palavras-chaves das concepções românticas sobre a arte.

O sublime é um sentimento ora maravilhoso, ora assustador. Mas creio que esse tipo de arrebatamento seja parte do que é ser humano. O escritor francês Stendhal (pseudônimo de Henri-Marie Beyle) conta que, quando ficou de frente para os afrescos do pintor florentino Giotto di Bondone, na Basílica de Santa Cruz, sentiu palpitações no coração: "A vida foi sugada de mim. Eu caminhava com medo de cair" (os médicos, inclusive, falam hoje numa "síndrome de Stendhal" para aqueles que sentem pânico ou alucinações diante de obras de arte de valor extraordinário). Outro escritor, Fiódor Dostoiévski, ficou desorientado e teve que ser auxiliado pela própria esposa diante do espanto causado pelo quadro *O corpo de Cristo no túmulo*, de Hans Holbein.

Pessoalmente, esse sentimento do sublime me toma (e, por vezes, também me causa palpitações) quando penso em tudo o que eu não sei: ao mesmo tempo que fico maravilhado com o conhecimento, fico também assustado com a minha ignorância, e tenho medo de que tudo o que eu imaginei e escrevi eventualmente esteja absolutamente errado.

Entretanto, fico pensando se, hoje, o sublime não estaria um pouco esquecido. Em minhas aulas no ensino médio e, principalmente, no YouTube, deparei-me muitas vezes com jovens que não chegaram sequer aos 20 anos e já estão cheios de verdades sobre economia, política e artes. Tenho pena, pois eles nunca se maravilharão com o conhecimento, que julgam erroneamente dominar quando na verdade estão fazendo um grande papel de tolo diante dos outros. De forma geral, pessoas muito cheias de si sempre terão dificuldade de se maravilhar com o outro, seja ele o conhecimento, a natureza ou a arte.

HEGEL E A ARTE

O filósofo George Wilhelm Friedrich Hegel, em suas *Preleções sobre a estética*, proferidas entre 1818 e 1829, deu origem a grandes reflexões sobre a estética. Hegel pensa a arte como um fenômeno histórico. Para ele, só merece de fato o adjetivo "belo" o que é produzido pelo homem com o objetivo de tocar a sensibilidade.

A mente humana, ao produzir a arte, mergulha no que lhe é estranho (a matéria sensível, como uma tela, uma folha ou um punhado de argila) e depois retorna a si mesma. Quando um artista esculpe a partir de uma pedra, ele sai de si mesmo para, depois, reconhecer a si mesmo nesse outro que é a matéria na qual trabalha. Por isso, a arte, para Hegel, não é imitação da natureza, mas superior à natureza.

Para Hegel, a história da arte é a história da liberdade. Cada vez mais, a arte se livra de sua carcaça sensível. Cada vez menos ela se limita a imitar o que nos dizem nossos olhos. Cada vez mais, a arte se refere a algo que está além da natureza. A luz que reflete no interior da catedral gótica lembra-nos de que o homem tem necessidade de algo que não lhe pode ser dado pela natureza. A arte triunfa sobre o lado perecível da vida e da natureza.

NIETZSCHE E A ARTE

Um dos motivos que fazem Friedrich Nietzsche ser um dos pensadores mais admirados na atualidade é o alerta que ele faz em relação aos perigos da racionalidade unilateral do Ocidente. Para ele, a sociedade civilizada nos transformou em animais domesticados, mesquinhos, sem nenhum senso de beleza. Nietzsche defende que a vida humana, para valer a pena ser vivida, deve ser uma obra de arte.

Que precisamos recorrer à sabedoria dos loucos, dos poetas e dos músicos.

Em *O nascimento da tragédia no espírito da música*, Nietzsche descreve Apolo como o deus da ordem, do equilíbrio, da medida. Dionísio é o caos, o desejo, o êxtase, a dança. A arte, para Nietzsche, não é uma ideia que se encarna em obras, como acreditava o apolíneo Hegel, mas nascimento, criação e morte, expressão da subjetividade e emoção — é Dionísio.

O artista dionisíaco não busca a racionalidade das obras de arte (como fazia Hegel), mas mergulha no terrível abismo do ser. Em nossa história, entretanto, o dionisíaco foi abandonado, e os instintos da ciência sufocaram as nossas pulsões artísticas; tornamo-nos, por consequência, seres decadentes. Lembremos que Platão, em vez de ver a música e a dança como êxtase e alegria, enfatizava o potencial que elas possuíam de disciplinar o corpo.

O que Nietzsche critica é a racionalidade tacanha dos "filisteus da cultura", que cultuam a Beleza. Ele é o fundo terrível e amorfo que explode todo o conceito de Beleza e nos instala no reino das possibilidades mais aterrorizantes — é Munch, é o Expressionismo, é o Gabinete do Doutor Caligari. Nada disso, perceba, tem a ver com Beleza. As rupturas modernistas no final do século XIX e começo do século XX levaram adiante esses aspectos levantados por Schopenhauer e Nietzsche.

O QUE MUDA COM A ARTE MODERNA?

O nascimento da chamada arte moderna, na segunda metade do século XIX, altera fortemente nossas concepções de arte e beleza. A arte que antecedeu o modernismo — chamada *arte acadêmica* (XVIII-XIX) — buscava retratar a realidade física da maneira mais fiel possível e, para isso, baseava-se em regras rígidas que inibiam grandes variações (por exemplo, uma árvore nunca poderia ser pintada em outros tons que não verde e marrom). Além disso, era uma arte que se adequava aos interesses do Estado, incentivando a recriação de grandes fatos e a transmissão de valores morais. Lembremos, como exemplo desse tipo de construção, a arte de Pedro Américo e de Victor Meirelles.

Já com a arte moderna, não há exatamente um modelo a ser seguido ou um padrão a ser realizado. Agora, é a criatividade, e não a imitação, o valor fundamental. O artista passa a ser alguém que interpreta o mundo à sua maneira, rompendo com convenções tradicionais e modelos preestabelecidos. Extingue-se um determinado "dever ser" da arte.

Os chamados modernistas questionavam se os acadêmicos representavam mesmo a realidade; afinal, nossos olhos, ao ar livre, percebem o contraste e o movimento de maneira absolutamente distinta do que nos faziam crer a pintura chamada de realista.

Não é por acaso que os impressionistas — uma corrente do modernismo — buscam representar a maneira como os objetos atingem a nossa vista, representá-los na própria atmosfera da percepção instantânea, libertos dos contornos que nossa inteligência traça. Em sua concepção, a realidade, para nossos olhos, pareceria mais um quadro impressionista ou expressionista — outra corrente do modernismo — do que as figuras retratadas em obras ditas "realistas". Como discutimos no capítulo "Isto não é um cachimbo", nós, ao pensarmos sobre o real, influenciamos nossa própria percepção sobre ele, de modo que não haveria a objetividade que os acadêmicos pressupunham. Assim, o que eles chamavam de "real" na arte seria produto da imaginação, e não uma observação do real propriamente dita.

Vamos tomar como exemplo a vanguarda modernista dadaísta. O dadaísmo tomou forma em Zurique, em 1916, como

HISTÓRIA IDEALIZADA

Os brasileiros Pedro Américo e Victor Meirelles foram colegas na Universidade Paris-Sorbonne (França) e tornaram-se conhecidos por suas pinturas de temas religiosos, mitológicos, bélicos e históricos.

De Américo, duas telas famosas são *Batalha do Avaí* (1877) e *O grito do Ipiranga* (1888). De Meirelles, que estudava na Sorbonne graças a uma bolsa recebida pelo imperador dom Pedro II, são conhecidos os clássicos *A primeira missa no Brasil* (1861) e *A batalha do Guararapes* (1879).

Suas obras imortalizaram a visão idealizada e eurocêntrica da história. Nelas, é comum vermos um herói máximo no centro, em primeiro plano; ações específicas, como um movimento de tropa, em segundo plano; e, em terceiro plano, a paisagem e outras figuras indistintas. Emoldurando a cena, têm-se elementos da natureza ou personagens acessórios, em tonalidade mais escura, contrastando com a figura central. Você pode até não se lembrar de ter visto o quadro específico de algum deles, mas provavelmente não teve dificuldade em visualizar uma pintura com esses elementos, comuns em livros de história. Acontece que, com suas obras, Américo e Meirelles criaram boa parte da memória visual da história do Brasil.

A palavra "criar", nesse sentido, é fundamental: embora houvesse uma tentativa de reproduzir os elementos tais quais eram vistos, não se tratava de uma tentativa de reconstrução da história, mas sim de invenção da ideia de nação a partir de um passado idealizado, a fim de legitimar o recém-criado Estado brasileiro. O quadro *A primeira missa*, de Victor Meirelles, ao colocar a Igreja católica no centro, repleta de luz, e os indígenas nas bordas, envoltos em sombras, faz uma apologia à dominação portuguesa e à catequização do indígena.

"um angustiado e irônico protesto niilista contra a guerra mundial e a sociedade que a incubara, inclusive contra sua arte" (como escreveu Eric Hobsbawn no livro *A era dos extremos*). O movimento foi criado no chamado Cabaret Voltaire por um grupo de escritores e artistas plásticos liderado por Tristan Tzara, Hugo Ball e Hans Arp. Para eles, o que, desde o iluminismo, chamávamos de "razão" mostrou-se, com a Primeira Guerra Mundial, bastante irracional — todas as nossas técnicas e tecnologias foram utilizadas em prol da barbárie e da destruição.

O dadaísmo, por isso, desafiava a lógica e valorizava o absurdo: a busca por desmantelar as instituições, os conhecimentos estabelecidos é o princípio máximo da arte dadaísta. A arte não tem mais uma função contemplativa, como tinha no Renascimento, mas deve satisfazer uma exigência básica: provocar a indignação pública. A arte, portanto, não precisa ser bela, porque a beleza morreu nas trincheiras da Primeira Guerra Mundial. Com isso, os dadaístas esperavam protestar contra o mundo e a racionalidade técnica que, em vez de nos libertar, produziram as guerras.

A exposição da *Fonte* — um mictório público —, de Marcel Duchamp como "arte instantânea", conforme Eric Hobsbawn identificou em *Era dos extremos*, encaixava-se nesse espírito dadaísta — o mesmo que o levou a pintar bigodes em uma reprodução da *Monalisa* de Da Vinci.

O filósofo Martin Heidegger, por sua vez, enxergava a obra de arte como uma "apresentação de um mundo", isto é, como um desvelamento e desvendamento. Em outras palavras, a arte seria a encarnação das crenças de uma época, de modo que ela faz brotar na consciência elementos que estão submersos em nosso real. A arte revelaria algo sobre o ser em sua totalidade. A arte nos ajudaria a ver, ouvir e sentir o mundo ao nosso redor. E assim o dadaísmo, que hoje pode nos parecer estranho, é absolutamente revelador das tormentas que afligiam a consciência humana durante as catástrofes que o mundo viveu na Europa na primeira metade do século XX.

ARTE E CAPITALISMO

Há, ainda, outros dilemas que a arte contemporânea vive. A maioria de vocês já deve ter visto, em sala de aula, no celular ou na televisão, o *David* de Michelangelo Buonarroti. Muitos, por isso, acreditam "conhecer" a obra. Entretanto, quando o autor esculpiu sua magnífica escultura, no longínquo período pré-internet, ele pensou no olhar que teríamos ao chegar diante da obra de 5,17 metros, que, aliás, não estava em um museu, mas na rua, em frente ao Palácio Vecchio; no celular, perde-se a experiência de aproximar-se da obra que o próprio autor tocou e modelou; em um *slide* em uma sala de aula, não temos ideia do que sentiríamos ao circundar essa obra; na televisão, perde-se toda a atmosfera que a obra possui.

Esse "aqui e agora" da obra de arte — destruído pela reprodução em massa — foi chamado por Walter Benjamin de "aura" no texto *A obra de arte na era de sua reprodutibilidade técnica*. A aura é o pertencimento necessário da obra ao contexto em que se encontra, que se perdeu com a reprodução em massa das obras de arte. Os meios técnicos contemporâneos fizeram com que a arte se tornasse um objeto que se manipula e que se reproduz em milhares de exemplares.

Vimos no capítulo sobre a razão instrumental e *O Senhor dos Anéis* que, para Adorno e Horkheimer, a razão instrumental é aquela que busca precisão e utilidade em todas as coisas, transformando o homem e toda a natureza em meio ("instrumento") para atingir determinados fins (progresso, eficiência). Como o personagem Saruman, da obra-prima de Tolkien, a razão instrumental destrói a natureza em nome da eficiência e do progresso, causando um retorno bárbaro da razão esclarecida.

Quando a razão instrumental atinge as obras de arte, elas passam a ser produzidas em massa para consumo, elas passam a ser domesticadas e previsíveis, passam a se adaptar aos interesses do mercado. É o que os autores chamaram de *indústria cultural*. A arte adaptada ao mercado é diametralmente oposta à arte desinteressada de que Kant tratava. Se indústria cultural *vende* cultura, cria-se a noção de que a arte deve seduzir e agradar ao consumidor. O potencial verdadeiramente crítico, portanto, pode ser mutilado.

CONSERVADORES E PROGRESSISTAS — O LUGAR DA ARTE NOS DIAS DE HOJE

Qual a relação entre arte e beleza nos dias de hoje? **Roger Scruton (1944-2020),** no documentário *Why Beauty Matters* [Por que a beleza importa], sustenta que a ideia que a arte moderna nos trouxe de transgredir, de criar, de ser original hoje estaria esgotada. O autor defende que a beleza não é apenas uma característica, mas um valor, como a vida e a verdade. A arte moderna, para ele, profana o significado, profana a beleza e, assim, é imoral. Seria preciso resgatar a ideia de que uma arte deve ser bela. Como conservador, Scruton quer preservar uma importante tradição que nos foi legada do passado e que, para ele, a modernidade ameaça: o casamento entre arte e beleza.

Mas será mesmo que esse casamento acabou? Ou será que Scruton é insensível às novas formas de beleza? Mais do que isso, será que é possível resgatar essas ideias clássicas de beleza que os filósofos conservadores propõem? Ou será que, no mundo líquido da hipermodernidade, essa tradição já não significa nada? O grande problema da posição de Scruton, penso, é acreditar que a questão da Beleza é a grande questão na arte. Vimos, ao longo desse capítulo —

esse era o ponto, caro leitor, em que eu queria chegar — que não foi assim para Platão, nem para Aristóteles, nem para Kant, nem para Hegel, nem para Marx, Nietzsche ou para nossos contemporâneos.

É por essas fragilidades que a posição de Scruton, bastante isolada, não possui muitos adeptos na filosofia, embora tenha grande repercussão na internet, motivo pelo qual me detive algumas linhas no autor (ao leitor que pretender buscar pensadores contemporâneos da arte, sugiro **Didi-Huberman, 1953-**, e **Arthur Danto, 1924-2013**).

Nesse sentido, vale a pena conhecer a obra *Dropping a Han Dynasty Urn* (Deixando cair uma urna da Dinastia Han), de Ai Weiwei, composta em 1995.[2] Nela, o famoso artista chinês contemporâneo quebra uma cerâmica clássica da China, indicando que não podemos retornar ao passado nem recuperar a ideia clássica de beleza — o mundo já é outro; as tradições não podem mais voltar (a não ser como farsa).

Quanto a mim, ainda não tenho certeza se a modernidade está esgotada e será superada ou se ainda é um projeto aberto e fértil (para ser sincero, tendo fortemente à segunda posição). Para citar uma frase famosa atribuída a Nietzsche, penso que realmente precisamos de arte para não morrermos de verdade. Como na famosa música "Comida", do conjunto Titãs, não tenho dúvidas de que o ser humano precisa de muito mais do que conforto e previsibilidade: o ser humano precisa de arte, prazer, amor, diversão, balé, dinheiro, sonhos e felicidade. Penso, como Orwell, que, se as pessoas forem privadas de beleza e diversão — como frequentemente acontece —, elas podem buscar emoção e prazer por vias violentas; como Aristóteles, penso que a arte é fundamental para a saúde da sociedade, embora esta não seja nem de longe sua

---

2 *Uma reprodução está disponível na página dedicada ao artista no site do museu Guggenheim, de Nova York: www.guggenheim.org/arts-curriculum/topic/ai-weiwei.*

única função. Por isso, oponho-me frontalmente àqueles que querem relegar às crianças uma educação *apenas* técnica. É preciso criatividade para criar (ou encontrar, se você preferir) sentidos à existência. Você tem fome de quê?

CARPETE NA PAREDE?

Em 2019, no Museu Nacional de Brasília, pude ver a obra de arte *Esculturas de Carpete* (1983), de Almandrade. Achei bastante curiosa a presença de carpete na parede. Estamos acostumados ao carpete no chão. Embora ele seja uma produção industrial bastante simples, é comumente tratado como sofisticado e formal: por exemplo, próximo ao Museu Nacional de Brasília, o chão do Congresso Nacional é bastante conhecido pelos carpetes e suas cores. O carpete é uma superfície flexível e silenciosa, destinada aos pés. Quando o carpete toma a parede, contudo, ele transmuta--se: torna-se um objeto de arte. Enquanto a indústria cultural transforma a arte em produto comercial, temos aqui exatamente o contrário — um objeto industrial transformado em produção artística. Geralmente destinado aos nossos pés, o carpete torna-se aqui objeto para nosso olhar. No chão, o carpete é silencioso; na parede, como arte, ele nos causa estranhamento. Se o carpete absorve os ruídos dos pés, não parece ser capaz de absorver os ruídos do olhar. Há uma estranha profundidade no deslocamento de um objeto simples, que nos faz questionar todo o mundo ao nosso redor. Quando eu contemplava a obra, ao meu lado estava um senhor de meia-idade, com chinelos muito confortáveis e a cabeça coberta por um boné vermelho, uma espécie de capacete de guerra bastante necessário para nos proteger do belo e terrível sol do Cerrado. Após poucos segundos observando o carpete na parede, o senhor, incomodado com o que viu, sentiu em seu íntimo a imperiosa necessidade de dizer a mim, um desconhecido: "Arte moderna? Tô fora!". A modernidade, aqui, parece seguir viva e revolucionária.

9
CAMUS, O ABSURDO E AS LIÇÕES DE *MERLÍ* E *RICK E MORTY*

O destino é o acaso com mania de grandeza.

— MÁRIO QUINTANA, *CADERNO H*

O QUE É O ABSURDO?

Cama, chuveiro, ônibus, redes sociais, trabalho, almoço, trabalho, ônibus, redes sociais, jantar, novela, redes sociais e cama. Diariamente, somos tragados pela rotina. Levados como água suja pelo "rodo cotidiano" (como diria uma bela música do conjunto O Rappa), nosso pensamento não costuma ir além do pequeno e médio prazo: contas para pagar, pequenas tarefas no trabalho, levar as crianças na escola ou a polêmica do dia nas redes sociais. Entre a apatia e o cansaço, dormimos.

De repente, como um relâmpago na madrugada, uma pergunta irrompe em nossa mente: "Por que isso tudo? Por que estou aqui em vez de não estar?". Essa pergunta nos arrebata, o coração palpita e sentimo-nos como se tivéssemos despertado de um longo sono. Tudo, então, ganha uma nova coloração. O que parecia pleno e seguro se torna irrelevante e instável. Todas as preocupações que preenchiam o vazio do dia se tornam banais — o vazio chega com toda a força. Toda a nossa vida, enfim, revela-se uma piada de mau gosto.

O filósofo francês **Albert Camus (1913-1960)** chamou essa sensação de "absurdo": dia após dia, nós acordamos, entramos no ônibus, seguimos para o trabalho, comemos nosso jantar, até que, um belo dia, perguntamo-nos: por quê? E eis que as coisas são tingidas por um assombroso tédio. De repente, aquela mulher que está ao nosso lado tantos anos nos parece estranha; aquele homem que fala ao telefone, por que ele vive? Tudo isso, essa incalculável e despropositada desumanidade do homem, gera em nós o sentimento absurdo. Estamos pensando em trabalho, filhos ou aposentadoria; de repente, a noção de que morreremos torna tudo isso absurdo: não há amanhã. O homem só mantém sua clarividência dentro dos muros que o cercam.

Vejamos as palavras do próprio autor no clássico *O mito de Sísifo*, ensaio que escreveu na década de 1940: "O homem só conserva sua percepção e conhecimento preciso dos muros que o rodeiam" — o homem precisa trancar-se em uma jaula de pequenas certezas e preocupações banais para viver sem angústia!

COMO NASCE O ABSURDO?

Albert Camus cresceu na Argélia, onde estudou filosofia. Durante a Primeira Guerra Mundial (1914-1918), seu pai estava entre os 500 mil mortos da sangrenta batalha do rio Marne. Após mudar-se para a França, Camus filiou-se ao Partido Comunista e participou ativamente da luta contra os nazistas na Segunda Guerra Mundial. Posteriormente, tornou-se um crítico do autoritarismo do socialismo soviético. Em 1957, foi agraciado com o Prêmio Nobel de Literatura, que reconhecia a importância do autor ao iluminar o problema "da consciência humana em nosso tempo". Em 1960, encontrou cedo a morte em um acidente de automóvel.

Camus nunca disse, como por vezes se supõe, que o universo é absurdo. Segundo o filósofo, o universo é externo, independente de nós e indiferente a nós. Efetuar um julgamento a respeito dele — como dizer que o universo é absurdo — seria uma pretensão incomensurável. O absurdo, um sentimento humano, nasce de nossa sempre fracassada vontade de conferir um sentido, uma clareza, uma razão ao universo, que, em todos os casos, resiste às nossas insistentes investidas, até que a morte enfim chega e coroa esse processo ao nadificar todos os nossos projetos: todos os planos que passamos a vida inteira fazendo são bruscamente interrompidos, sem desculpas, sem possibilidade de retorno e sem redenção.

RICK E MORTY E O ABSURDO

A série de animação científica *Rick e Morty*, exibida no canal Cartoon Network, apresenta Rick, um cientista excêntrico e alcoólatra, e seu neto de 14 anos, Morty, um garoto de bom coração. Juntos, eles viajam por múltiplas dimensões, onde vivenciam valores e formas de existência completamente alheias às nossas. Entre os locais que passam, estão, por exemplo, um planeta hilário onde as pizzas devoram as pessoas e outro em que o povo é absolutamente indiferente à vida e à morte. Alguns momentos da série mereceriam um livro inteiro de filosofia, como o caso do terceiro episódio da segunda temporada, no qual somos apresentados a um ser chamado Unidade, que consegue tomar a consciência de todos os seres de um planeta e, com isso, trazer uma forma de paz e de união social.

De episódio em episódio, o seriado traz a questão central de Albert Camus: em uma perspectiva de um universo que existe há bilhões de anos e cujo limite nos é absolutamente desconhecido, de que valem nossos objetivos? Dentro da possibilidade, sempre plausível, de múltiplas dimensões e múltiplos seres, por que me preocupar com o boleto que vencerá na próxima semana? É por isso que o avô cientista, um homem absurdo, despreza convenções e valores humanos e vive além do bem e do mal — grandes lições morais e a importância do universo são sempre postas em xeque.

Embora seja uma reação interessante, não é bem isso que Camus propõe que façamos diante do absurdo. Para ele, não devemos nos matar ou sofrer com o absurdo que experienciamos. Mas também não devemos criar propósitos transcendentais para nossa existência, inventando deuses ou paraísos sobre os quais não temos absolutamente nenhuma certeza. É preciso coragem para lidar com nossa condição e viver sem precisar apelar para realidades imaginárias; cravar as unhas no abismo do nada e levar a vida somente com o que sabemos. Buscar o verdadeiro, afinal, não é buscar o desejável ou o confortável. Como disse Nietzsche em *Segunda consideração intempestiva*, "o que importa não é a vida eterna, e sim a eterna vivacidade".

MERLÍ: UMA FORMA BELA DE LIDAR COM O ABSURDO

Recentemente, muitas pessoas ao redor do mundo ficaram maravilhadas com o seriado catalão *Merlí*. Trata-se de um professor de filosofia, Merlí, que incentiva os alunos a pensarem livremente e busca tornar a filosofia acessível e próxima à realidade de seus alunos. O personagem nos encanta justamente por estar distante de qualquer uma daquelas idealizações inócuas que gostamos de aplicar aos professores (como o estereótipo do professor-herói ou do professor-santo). Merlí é um homem com defeitos, incoerências e muitos erros, como qualquer um de nós (mas confesso que, como professor e fã da série, eu me identifico mais com outro personagem, o hipocondríaco e esquisito Gabi, professor de literatura, interpretado por Pau Vinyals).

Outra coisa que nos encanta em Merlí é, exatamente, seu gosto pela vida, que ele passa para os alunos: o filósofo não educa os adolescentes para o trabalho, nem para a cidadania ou para as provas ao fim do ano. Parece que as aulas de Merlí têm um fim em si mesmas: é o prazer de pensar na própria vida — e nada aquém disso — que faz suas aulas tão deliciosas, e não qualquer coisa externa a elas. "Nada aquém disso", pois o trabalho ou as provas são atividades que, para ele (e para mim), estão qualitativamente abaixo do prazer de pensar.

AFINAL, POR QUE VALE A PENA VIVER?

Em *O mito de Sísifo*, Camus lembra os seus leitores sobre como, quando atingido precocemente pela tuberculose, foi acometido por um desejo imenso de viver — ele próprio não via o absurdo como um motivo para querer morrer.

Diante do absurdo, pergunta-se Camus, por que, no fim das contas, a maioria de nós se apega tanto à vida? Por que, apesar de toda a falta de sentido, devemos continuar vivos? "Existe apenas um único problema filosófico realmente sério: o suicídio", escreveu. Afinal, ninguém nunca se matou pelo argumento ontológico de Santo Anselmo ou pelos imperativos categóricos de Kant; mas muitos tiraram a própria vida por não encontrarem sentido no que faziam. O sentido da vida, portanto, é uma questão filosófica fundamental para a nossa existência.

Camus, então, usou da mitologia grega para esclarecer suas ideias, recorrendo ao mito de Sísifo. Sísifo é o personagem que recebe dos deuses a árdua tarefa de levar uma imensa pedra até o topo de uma montanha; quando ele está próximo ao seu destino, após um longo dia de trabalho, a pedra rola montanha abaixo e, dia após dia, o trabalho recomeça. Sísifo simboliza a futilidade de toda ação humana, posto que todos os homens e todo o trabalho feito sempre, cedo ou tarde, passarão. Por que um médico deve preocupar-se em curar seus pacientes se ao fim todos morrerão? Por que um arquiteto deve erguer prédios se, dentro de alguns milhões (ou bilhões) de anos, nossa galáxia irá se desfazer (e com ela os prédios)? Por que um professor deve preocupar-se em ensinar aos seus alunos se, cedo ou tarde, todos, invariavelmente (inclusive o mestre), se esquecerão do conteúdo em questão? O mito de Sísifo é, portanto, a imagem da condição humana.

No entanto, Sísifo sempre recomeça seu trabalho: por mais absurdas que sejam as tarefas humanas, ele continua a levar a pedra ao topo da montanha. A luta para fazer a pedra chegar ao cume, lembra-nos Camus, é mais do que suficiente para preencher alegremente o coração de um homem. Se nos prendermos a objetivos transcendentes, se buscarmos eternizar nosso nome, sempre nos frustraremos. Se o médico tiver em vista salvar todas as vidas eternamente, ele falhará e, por isso, será infeliz. Se o professor tiver como objetivo nunca ser esquecido, ele certamente se decepcionará. Entretanto, se ambos prenderem-se à vida e agarrem-se à finitude, se o estado passageiro for para eles suficiente, então serão felizes em sua própria humanidade. Se, novamente citando a famosa passagem de Nietzsche, buscarem a vivacidade em vez da vida eterna, poderão encher o coração. O erro não está no universo, mas no homem que busca, como disse Nietzsche em *Assim falava Zaratustra*, motivos além das estrelas para viver. Por isso, "é preciso imaginar Sísifo feliz", conclui Camus.

Merlí, ao buscar apenas o prazer de pensar — e não se tornar um mestre lembrado pela eternidade — aprendeu essa lição. Da mesma forma, ao longo de *Rick e Morty* (pelo menos até o fim da segunda temporada, onde estou no momento), Rick descobre o gosto e o apego pela vida não na ciência, mas no amor ao seu neto. A lição que podemos disso inferir é: por mais absurdas que sejam todas as faces de nossa existência, podemos seguramente encontrar, em nossa própria realidade, sentidos e propósitos para existir. E daí que existam infinitos netos em realidades paralelas? Talvez meu neto, uma pessoa real e concreta, à minha frente, seja o suficiente.

Esses propósitos palpáveis para nossa existência podem estar na amizade, na busca pelo conhecimento, nas tentativas de melhorar a realidade ao nosso redor e diminuir o sofrimento dos outros seres, ou mesmo no amor pelos animais. Uma vida, como se diz no jargão filosófico, ancorada na própria imanência, e não na transcendência: eis o gosto de viver sem apelação.

Vou cometer uma breve heresia e citar um belo texto que não costuma acompanhar discussões sobre existencialismo. Trata-se das Escrituras, mais especificamente, João, 1, 4:20: "Pois quem não ama a seu irmão, ao qual viu, como pode amar a Deus, a quem não viu?". Creio que aqui, independentemente de nossa posição religiosa, há uma bela mensagem: somente amando ao outro concreto poderemos amar qualquer coisa que exista para além dele.

Para cometer uma heresia ainda maior, quero terminar o capítulo citando outra belíssima frase, escrita pelo filósofo ateu **Emil Cioran (1911-1995)** em *Silogismos da amargura*: "Só nos tornamos cúmplices da vida quando dizemos — de todo coração — uma banalidade".

Cometo todas essas heresias em prol de um apelo: uma vida reconciliada consigo mesma. E que esse apelo não seja entendido como uma busca por uma vida morna, sem riscos, composta por pequenos prazeres (trata-se, nesse caso, do "último homem", como veremos no próximo capítulo). Pelo contrário, trata-se de uma vida que aceita mesmo o sofrimento e a incontornável ansiedade como parte de si própria; que entende o poder humanizador do fracasso e, mais do que tudo, reconhece sua própria finitude e não se deixa perder entre frases de motivação vazias. Nietzsche e Walter White, no próximo capítulo, vão nos ajudar a compreender melhor esse apelo.

10

BREAKING BAD, NIETZSCHE E O ALÉM-HOMEM

Conheço a minha sina. Algum dia, meu nome estará ligado a qualquer coisa enorme — a uma crise de consciência, a uma decisão invocada contra tudo aquilo que, até aqui, se acreditou, se estimulou, se santificou. Eu não sou um ser humano, sou dinamite [...]. Tenho um medo terrível de que, um dia, me proclamem santo.

— NIETZSCHE, *ECCE HOMO*

Breaking Bad foi uma série de televisão transmitida entre 2008 e 2013, momento em que os Estados Unidos passavam por uma das maiores crises econômicas de sua história. O protagonista, o químico Walter White, havia sido em sua juventude um homem brilhante, com um futuro promissor e uma bela namorada, Gretchen. Atraente e apaixonado pelo conhecimento, ele tinha tudo para ser um homem rico e referência no mundo acadêmico.

Porém, as coisas não correram como esperado para o senhor White: na meia-idade, ele havia se tornado um professor de química de ensino médio, frequentemente desrespeitado pelos alunos e sem muito dinheiro, o que o obrigava a trabalhar meio turno do dia num lava-rápido. Apesar de ter agido sempre de forma correta, a vida pareceu não ser grata ao pobre Walter.

UM MUNDO CONTRA A POTÊNCIA — HETERONOMIA E MÁ-FÉ

Por todos os lados, a autonomia de Walter parecia ser diminuída. Skyler, sua esposa, parecia controlar todos os ramos da vida do marido. Bogdan, seu chefe no lava-rápido, aproveitava-se da fraqueza do protagonista para obrigá-lo a trabalhar até mais tarde. Chad, aluno de Walter, desafiava-o durante as aulas e, como se não bastasse, também o humilhava em seu carro de luxo enquanto o professor trabalhava no lava-rápido. Walter era ainda tomado pelo ressentimento: seu antigo amigo Elliott Schwartz não apenas ficou rico com a empresa que fundou com Walter, a Gray Matter Technologies, mas também se casou com Gretchen. Walter abandonara tanto Gretchen quanto a empresa (antes de ela se tornar um sucesso).

Hank Schrader, seu cunhado policial, em vários momentos trabalha para diminuir ou duvidar do professor. Quando Walter conta como seduziu Skyler, Hank diz para Walter Jr., filho do casal: "Não sabia que seu pai tinha *dessas coisas*", ou seja, libido e ambição. Em outro momento, Hank mostra sua arma para Walter e diz: "Isso é só para homens".

Walter vivia uma vida inautêntica, numa situação que, em termos kantianos, chamaríamos de "heteronomia". "Hétero" significa "o outro", e heteronomia significa que há um outro que dita a vida, os rumos e as escolhas. Esse "outro" pode ser um rei tirano, uma religião imposta ou um general autoritário. No caso de Walter, esse "outro" é o trabalho, a família e o sistema escolar, se preferirmos falar em termos de instituições, que tentam reduzi-lo a uma situação de heteronomia.

Covardes e preguiçosos, diz Kant, adoram viver em uma situação de heteronomia. No texto *O que é esclarecimento?*, Kant pensa a autonomia — o oposto da heteronomia — como condição para a maioridade: ser maior é escolher livremente valores, ideias e ações, é dispor-se de si próprio como lhe aprouver. Como Walter não é nem covarde nem preguiçoso, não tardará a se revoltar contra essa situação que tentam lhe impor.

De forma semelhante, Jean-Paul Sartre, em *O existencialismo é um humanismo*, utiliza o termo "má-fé": o homem de má-fé é aquele que renunciou à própria liberdade e passou a ter a vida determinada por fatores externos a si. O homem de má-fé não é sujeito de sua vida, mas objeto — o clamor existencialista, por conseguinte, terá como propósito tornar o ser humano sujeito de sua própria existência.

UMA ALMA NO ESPELHO

Um fato, porém, muda completamente a vida de Walter White: ele descobre que está com câncer de pulmão, o que pode acabar com sua vida em breve. Num primeiro momento, Skyler faz de tudo para obrigá-lo a se submeter ao tratamento, sem perguntar se isso era o que ele realmente queria. Afinal de contas, o tratamento também poderia encurtar a quantidade e a qualidade do tempo que Walter tinha. E pior: como Walter não tinha dinheiro para bancar o próprio tratamento (lembremos que, nos Estados Unidos, a ausência de um sistema de saúde público e universal é um dos temas mais debatidos na política), Skyler acaba sugerindo que ele seja financiado pela mãe ou pelo antigo amigo, Elliott Schwartz.

Quando o personagem se confronta com a própria finitude e avalia os rumos que sua vida tomou, há a virada: Walter torna-se ciente de si e da aniquilação que, cedo ou tarde, o espera. A partir desse momento, ele percebe que é infeliz e que não alcançou o que pretendia na vida — sua alma olha para o espelho. Então, o senhor White rompe com a má-fé e procura tornar-se sujeito de sua própria vida. "Estou acordado", diz logo no episódio-piloto.

Após o diagnóstico de câncer, o químico Walter se envolve na produção de metanfetamina e adquire enormes quantias de dinheiro, tendo como parceiro seu ex-aluno Jesse Pinkman, uma espécie de filho substituto, que sucede a Walter Jr. quando o professor se torna criminoso.

Logo após o professor mudar seus hábitos, Walter e Skyler fazem sexo num carro parado ao lado de uma viatura de polícia. Skyler, surpresa, pergunta ao marido: "De onde veio tudo isso e por que foi tão gostoso?". E ele responde: "Porque foi ilegal".

Ao longo do seriado, a questão do câncer torna-se irrelevante — o crime restaura o orgulho e a força de Walt, e é isso que está em jogo. Assim, quando Walter Jr. vê o pai com a cabeça raspada — uma espécie de marca física de sua transformação mental —, ele reconhece: "*Tough!*" (algo que poderia ser traduzido como "durão" ou "valentão").

A própria metanfetamina, aliás, é uma droga que provoca euforia, aumento da autoestima, do apetite sexual, da percepção das sensações e da intensificação de emoções. Mas o preço é altíssimo: ela possui um grande potencial de dependência e rapidamente conduz ao aparecimento de comportamentos psicóticos e depressão. E é essa a trajetória do nosso herói, ainda que ele não consuma nada do que produz: a princípio, é possível que muitos de nós simpatizemos com ele, apesar de ser ligado ao tráfico de drogas, umas das atividades hoje consideradas extremamente imorais; com o passar dos episódios, contudo, vemos seu declínio moral e, conforme ele destrata as pessoas ao seu redor, nossa simpatia por ele diminui.

HEIDEGGER, O CUIDADO E A ABERTURA

Temos aqui um ponto importante para nossa discussão neste livro: o que faz Walter mudar sua vida não é exatamente a doença, até porque, nos momentos do seriado em que sua saúde melhora, as atividades com metanfetamina não cessam. É a consciência da própria finitude, proporcionada pelo câncer, que, a meu ver, o faz mudar.

Martin Heidegger abandonou as definições do homem como "animal racional" para substituí-las por conceitos que ele considerava mais elevados: para ele, o Ser é abertura, é exterioridade, é poder ser. Somos "lançados ao mundo" como um projeto aberto de possibilidades indeterminadas. Mas, como observou **Oswaldo Giacoia Junior (1954-)** em sua leitura sobre o autor no livro *Heidegger urgente*, o ser é confrontado em dois sentidos: por um lado, na possibilidade de não ser si mesmo, isto é, de fugir de si e viver de modo inautêntico e impróprio; por outro lado, na possibilidade mais radical de não ser, que é a morte.

A condição inescapável da morte, isto é, a nossa temporalidade, para Heidegger, é como que um chamado à busca por nossa autenticidade mais radical. Como falamos no primeiro capítulo deste livro, é a mortalidade que nos torna profundamente humanos. Somos abertura, mas somos também um ser-para-a-morte — somos indeterminados, mas não somos infinitos. Por isso, a condição humana é essencialmente angústia, uma permanente tensão entre ser si próprio e perder-se, desgarrar-se, faltar a si.

Contudo, para Heidegger, ser no mundo implica lidar com as coisas e relacionar-se com as outras pessoas — implica cuidado de si e cuidado do mundo como condições de autenticidade. Talvez o crescente descuido do senhor White explique o aumento de nossa antipatia com o passar da série.

Mas ele não está sozinho: o policial Hank também está longe de agir apenas pela justiça e pela lei (vale lembrar os furtos de sua esposa e suas pequenas transgressões no uso de charutos). Frequentemente, ele mostra enorme prazer em ser o herói, em confrontar e vencer a própria morte. Contudo, ele também se mostra alguém disposto a ajudar o outro, apresentando um cuidado essencial com a esposa, com o cunhado e com os sobrinhos. Assim, em contrapartida clara a Walter, isso nos faz gostar dele cada vez mais.

GALE, KRAZY-8, MATERIALISMO E O PRINCÍPIO DA INDETERMINAÇÃO

Breaking Bad nos aponta, em diversos momentos, vários dilemas morais. Por exemplo, Gale Boetticher era um rapaz *nerd*, apaixonado pela química, que justifica seu envolvimento com a metanfetamina a partir de ideais libertários. Para ele, a responsabilidade pelo consumo da metanfetamina é sempre do consumidor, e nunca do produtor: "Sou definitivamente um libertário. Adultos conscientes sabem o que querem" — se ninguém está sendo coagido a nada, para o rapaz não há má ação envolvida na produção de drogas.

O filósofo liberal **John Stuart Mill (1806-1876)** é o criador do chamado "princípio do dano" (*harm to others*): somos todos livres para fazer o que bem entendermos, desde que isso não implique danos ao próximo. Se o princípio é simples de ser compreendido, ele é extremamente difícil de ser aplicado: quando podemos considerar que esse dano começa? No caso da metanfetamina, para Gale, somente o consumidor é responsável pelo dano que inflige a si próprio, uma vez que ninguém o obriga a utilizar droga alguma. Em contrapartida, é possível também dizer que, diferentemente do café ou da cerveja, a metanfetamina é uma substância para a qual não existem níveis seguros de consumo, o que torna sua produção sempre causadora de danos ao consumidor. Por isso, da mesma forma que não é possível responsabilizar todos os bares por um acidente de carro de um motorista alcoolizado (já que é possível beber e não dirigir), é possível responsabilizar os produtores de metanfetamina pelo vício, uma vez que se trata de um efeito rápido e esperado do produto.

Porém, Gale, enquanto praticava sua suposta ação libertária de produzir drogas, estava também sendo usado pelo traficante Gus Fring para roubar o conhecimento de Walter. Walter, percebendo o que ocorre, manda Jesse matar o pobre Gale, que não sabia o que estava acontecendo. Quem, em toda essa contenda, é o culpado pelo assassinato?

Um dilema semelhante é apresentado logo nos primeiros episódios, quando Walter avalia se ele deve matar o traficante Krazy-8 ou não: por um lado, pensa o professor, assassinar é errado; por outro lado, se Krazy-8 sobreviver, ele pode simplesmente matar toda a família de Walter.

Nos dois casos, trata-se de matar para salvar a própria vida. Entretanto, Walter White só entrou nesses dilemas em consequência de seu próprio envolvimento no tráfico de drogas, o qual, como vimos, não foi uma necessidade, mas uma escolha.

Como resolver essas questões? Uma passagem do seriado pode ser bastante elucidativa nesse sentido. Walter, a princípio, era um materialista. Numa memória em que aparece bastante jovem, o professor apresenta a composição química do ser humano e encontra 0,111958% de substâncias que ele não consegue identificar. "Seria a alma?", perguntou Gretchen. "Não há nada além de química aqui", respondeu Walter. Se nós somos matéria, e nada além de matéria, todo o mundo talvez seja regido por leis físico-químicas imutáveis.

Contudo, não é por acaso que Walter adota como codinome Werner Heisenberg, físico alemão conhecido pelo *princípio da incerteza*. O princípio é bastante elucidativo de como a mecânica quântica se difere da mecânica clássica, embora seja também tributária dela. Enquanto a física clássica acredita na precisão e em leis claras sobre como a totalidade das coisas do universo se movem, o princípio da incerteza fala em outras possibilidades de enxergar o real, de modo a admitir probabilidades e tendências. As tendências e probabilidades, ao contrário das leis absolutas, permitem desvios e mudanças. Muitos evocam, na atualidade, o determinismo, mas, talvez, o determinismo seja baseado num pressuposto equivocado, de que todo o mundo físico-material tenha uma única faceta, que obedece a leis imutáveis e fixas.

E é essa exatamente a trajetória de Walter: ele faz escolhas que mudam completamente seu caminho. Em vez de seguir mandamentos morais absolutos e determinados (não matar, não fabricar drogas etc.), ele escolhe, por livre e espontânea vontade, aumentar a própria potência e redefinir a própria moralidade. Por isso, em última instância, Walter tornou-se sujeito de sua vida e definidor de sua moralidade — atingiu a maioridade, para utilizar os termos de Kant.

Mas a maioridade, como sabemos, implica também responsabilidade, isto é, arcar com as consequências de nossos atos: e é por isso que a morte de Krazy-8 e de Gale, como consequências de uma série de sucessivas escolhas feitas pelo senhor White, são também sua responsabilidade.

NIETZSCHE E WALTER WHITE: O ALÉM-HOMEM E O ÚLTIMO HOMEM

Nesse sentido, creio que Friedrich Nietzsche seja o filósofo-chave para compreendermos a questão essencial de *Breaking Bad*.

Nossa cultura, para Nietzsche, apresentava sérios sinais de decadência desde a Antiguidade, tanto que a história da filosofia seria em sua opinião a história do triunfo da razão contra a "afirmação da vida". Segundo ele, a criatividade, a afirmação da vida, a força vital e a alegria — isto é, a essência própria da vida — foram substituídas por valores sombrios como culpa, submissão, racionalidade e medida. Quando Platão desdenha deste mundo, dizendo que ele não passa de sombras de uma "caverna", e diz que a verdade mora em outro lugar, que somente é acessado pela razão, ele estaria rebaixando o corpo e as artes ao *status* de meras falsidades. Platão seria um niilista (niilismo vem de *nihil*, que significa "nada"), uma vez que, digamos, ancora todo o sentido de nossa existência num mundo ilusório, o mundo das ideias.

Da mesma maneira, o cristianismo, que Nietzsche enxerga como uma espécie de platonismo "das massas", em sua visão não passa de uma moral do rebanho: todos os homens fortes, orgulhosos, autoconfiantes e capazes de criar sua própria moralidade são condenados a um inferno fictício, ao passo que os homens submissos, que odeiam e violentam o próprio corpo e os próprios sentidos, ganham o reino dos Céus. A ideia de inferno, portanto, seria produto do ressentimento: homens covardes inventam uma punição eterna para aqueles que realmente souberam viver. Da mesma maneira, os homens, com medo do que é desconhecido, ressentidos com a nossa pequenez e com a indiferença do universo para conosco, inventaram paraísos e ideias de vida após a morte. Por trás de ideias de paz, perdão e amor, na visão de Nietzsche, estariam o ódio, a culpa e o ressentimento. Por isso, em *O anticristo*, ele pontua: "'não julgueis', dizem eles [os cristãos], e, contudo, mandam para o inferno seja o que for que atravesse seu caminho".

Mesmo que não concordemos com alguns aspectos da análise de Nietzsche, sua noção de decadência não deixa de ser intrigante. Conforme ele indica em *Assim falava Zaratustra*, o declínio do Ocidente estaria criando o tipo mais desprezível e decadente de homem: o último homem. O último homem tem medo de sentir quaisquer paixões muito fortes. Ele não quer assumir riscos e busca apenas segurança e conforto. Esse medo de decepções e do fracasso, claro, paralisa-o e relega-o a uma vida medíocre e apática, sem compromissos. O último homem é capaz apenas de buscar pequenos prazeres e doses curtas de veneno, para ter sonos agradáveis e uma morte agradável. "'Descobrimos a felicidade', dizem os últimos homens, e piscam os olhos." O último homem sabe, contudo, que é infeliz e vazio, e que não há nada de significativo em sua vida.

Para, em contraposição, tornarmo-nos super-homens ou além-homens (o oposto de último homem), é preciso destruir as falsidades que regem nossa vida, todas as crenças que inventamos para sustentar a nossa própria existência (as chamadas "muletas metafísicas"). E é aí que entra o filósofo legislador, aquele que tem uma capacidade artística de criar valores. Não valores absolutos — os quais são sempre falsos —, mas novos sentidos, favoráveis à vida, que sabemos não serem verdades absolutas.

É preciso renunciar à nossa doença ocidental de buscar verdades irrefutáveis, renunciar ao julgamento platônico-cristão que deprecia este mundo em nome de outro e, assim, abrir caminho para uma nova vida: "Só quem traz o caos dentro de si pode dar à luz a estrela bailarina", escreveu em *Assim falava Zaratustra*.

Quando Nietzsche diz, em *A gaia ciência*, que Deus morreu, ele não está querendo tornar-se o anticristo, no sentido religioso da expressão, mas defender o fim das ideias que fundamentam a vida a partir de sua própria negação, ideias estas que acabam tornando a nossa existência infeliz e mesquinha.

A essa altura o leitor talvez já tenha percebido que o senhor White teve sua potência abafada por forças externas e aproximou-se do último homem. O que o levou a superar essa condição não foi a esperança de uma vida após a morte, mas, pelo contrário, a consciência da própria finitude e a descoberta de que não há nada para ele além das estrelas.

Em *Assim falava Zaratustra*, Nietzsche identifica três etapas pelas quais passamos, sendo que a primeira seria comum a todos os homens, e as outras duas só seriam alcançadas por aqueles que caminham rumo à autossuperação: primeiro, somos como camelos, animais de carga, escravos, suportadores e respeitadores, pois vivemos em função de noções abstratas; depois, somos como leões, revoltados contra toda a tradição, contra tudo que nos escraviza e mata nossa vida; por fim, somos como crianças, livres, capazes de enxergar o mundo com outros olhos, criar valores sem nos comprometer com noções tais como verdade ou redenção.

Em minhas aulas de filosofia, costumo perguntar aos meus alunos mais novos: imaginem se vocês estudassem com a mesma dedicação com que jogam videogame? Eles concordam que, certamente, aprenderiam muito mais. Isso mostra o ponto de Nietzsche: o crivo que separa o adulto como superior e a criança como inferior deve ser repensado. Quando a criança brinca, ela vive totalmente no presente e não espera dele nada além do que se apresenta aos seus olhos. Ela não brinca para agradar os outros, para ganhar um aumento na firma ou para satisfazer o próprio ego — ela brinca por brincar, e assim nos fornece o exemplo máximo do que é uma vida consagrada a si própria. Por isso, afirma Nietzsche, em *Além do bem e do mal*: "A maturidade do homem: isso significa ter reencontrado a seriedade que se tinha ao brincar quando criança".

O historiador e filósofo contemporâneo **Rossano Pecoraro (1971-)**, no instrutivo livro *Niilismo*, identifica como, para Nietzsche, passamos de um *niilismo passivo* (a percepção de que os valores antigos são inócuos), para um *niilismo ativo* (a destruição dos antigos valores), para um *niilismo extremo ou extático* (a aceitação da não necessidade de um Deus ou de uma verdade absoluta) e, por fim, para o *niilismo completo* (a criação de valores e a afirmação da vida e da vontade de potência).

Nenhum de nós, claro, deve envolver-se com o tráfico de drogas para tornar-se alguém potente (lembremo-nos do "princípio do dano" de Mill). Além disso, creio ser legítimo acharmos o senhor White demasiado individualista em diversos momentos. Entretanto, a necessidade de lidar com o nada e as forças nadificadoras, a vontade de sentirmo-nos autores de nossa própria vida e a rejeição do ressentimento continuam sendo aspirações legítimas e lições interessantes tanto da série quanto do filósofo.

É notável, portanto, como o seriado é rico em temas morais e existenciais, além de questões sociais como a má remuneração dos professores, a legalização das drogas e o sistema de saúde (não é à toa que existe um livro dedicado ao assunto, *Breaking Bad and Philosophy*, de David R. Koepsell e Robert Arp, o qual foi importantíssimo para a confecção deste capítulo).

É importante notar também como, em *Breaking Bad*, o tema da morte é o elemento essencial que define todo o desenrolar da série — a possibilidade da própria ausência está sempre se fazendo presente, por assim dizer. Vimos, no primeiro capítulo deste livro, como a morte é determinante para a existência de nosso pensar filosófico. Como pontuou **Emil Cioran (1911-1995)**: "E se a existência fosse para nós um exílio e o Nada uma pátria?" (desculpe, leitor, por terminar mais um capítulo com esse filósofo, mas vamos concordar que ele é um grande frasista). Voltemos a esse assunto.

11
FILOSOFIA PARA MORTAIS

Nossa festa acabou. Nossos atores,/ Que eu avisei não serem mais que espíritos/ Derreteram-se em ar, em puro ar;/ E como a trama vã desta visão,/ As torres e os palácios encantados,/ Templos solenes, como o globo inteiro,/ Sim, tudo o que ele envolve, vai sumir/ Sem deixar rastros. Nós somos do estofo/ De que se fazem sonhos; e esta vida/ Encerra-se num sono.

— SHAKESPEARE, *A TEMPESTADE*

PASCAL E CHRIS CORNELL: O SER HUMANO COMO PARADOXO PARA SI MESMO

O conjunto Audioslave, um dos meus preferidos na adolescência, possui uma música chamada "Like a Stone" [Assim como uma rocha]. Ouvi essa música muitas vezes e a cantei em várias bandas de que participei (pela quantidade de músicas que citei neste livro, o leitor deve ter percebido que eu sou um astro do rock que não deu certo e, por isso, virei professor). Entretanto, só bem mais velho fui entender o tema da canção: trata-se de um homem solitário e assustado, em um "quarto cheio de vazio", contemplando a própria morte. Isso pode parecer assustador, mas não nos deixemos enganar: a canção é belíssima (se você não a conhece ou não se recorda da música, deixe-a tocar um pouco enquanto continua a ler o capítulo).

Um dos maiores polímatas (pessoa que estuda várias ciências) de todos os tempos, o filósofo Blaise Pascal também dedicou boa parte da vida a contemplar a si próprio e a suas contradições; dessa contemplação, surgiram textos que estão entre os mais belos da literatura francesa. Muitos de nós conhecemos Pascal como físico ou matemático, e não é por menos, já que seu trabalho é fundamental para a geometria projetiva, a probabilidade, a análise combinatória, a invenção de uma das primeiras máquinas de calcular e os conceitos de vazio e de pressão. O autor também teve papel fundamental na criação do que seria o ancestral dos primeiros sistemas de transporte público da França.

Sobretudo após uma experiência mística, em 1654, ele passou a se dedicar às reflexões religiosas. O autor pretendia escrever uma grande defesa do cristianismo. Entretanto, vivia sempre muito doente e com dores terríveis, de modo que passou os últimos anos de sua vida na cama. Por isso, ele morreu, em 1662, aos 39 anos, sem nunca terminar sua apologia da fé cristã. Restaram apenas rascunhos e fragmentos do texto, publicados como *Pensamentos*. Trata-se, apesar disso, de uma obra tocante. Pessoalmente, conheci o texto no meu terceiro ano de graduação na faculdade; desde então, sinto-me comovido por ele sempre que o revisito.

O ser humano, para Pascal, é um poço inesgotável de contradições: sentimo-nos pequenos quando pensamos na magnitude do universo ou na fragilidade de nossas vidas; sentimo-nos grandes quando pensamos na pequenez de um átomo ou na complexidade de nosso corpo. Afinal, assinala em seus *Pensamentos*:

> *O que é o homem dentro da natureza? Nada, em relação ao infinito; tudo, em relação ao nada [...]. Que poderá fazer, portanto, senão perceber alguma aparência das coisas num eterno desespero de não poder conhecer nem seu princípio, nem seu fim? Todas as coisas saíram do nada e são levadas para o infinito.*

Há um sentimento de angústia que se apodera de nós ao pensarmos como o homem é um ser condenado a ficar preso entre dois infinitos: o infinitamente pequeno e o infinitamente grande. Ao mesmo tempo que a nossa razão é capaz de nos proporcionar conhecimentos sobre as maravilhas da física, ela também é incapaz de nos fornecer alguma certeza segura sobre as verdades mais profundas de nossa existência. Pascal escreve: "o que é, portanto, o Homem? Que novidade, que monstro, que caos, que vítima de contradições, que prodígio? Juiz de tudo, imbecil verme da terra; depositário da verdade, cloaca de incertezas e erros; glória e rebotalho do universo".

Apesar de sermos fracos e pequenos perante Deus, contudo, diferenciamo-nos da natureza por termos consciência:

> O homem não é mais do que um caniço, o mais fraco da natureza, mas é um caniço pensante. Não é necessário que o universo inteiro se arme para esmagá-lo; um vapor, uma gota d'água são suficientes para exterminá-lo. Mas ainda que o universo o esmague, o homem será mais nobre do que aquilo que o extermina, porque sabe que morre [...]. Toda a nossa dignidade consiste, portanto, no pensar.

Enquanto muitos mamíferos e aves são capazes de voar, correr, passar muito tempo debaixo da água ou são portadores de uma força desproporcional, nós, que podemos ficar sem ar com uma mera espinha de peixe na garganta, estamos cônscios de nossa própria morte. Existe em nós uma grandeza divina, que para o religioso Pascal deve-se ao fato de sermos criados por Deus; mas existe também uma miséria incontornável, que para ele é a marca de nosso pecado original. O homem, portanto, é um incompreensível monstro de grandeza e de miséria.

Ainda segundo Pascal, existem em nós dois modos de conhecimento: por meio do "espírito de fineza" e por meio do "espírito de geômetra". O primeiro, ligado ao coração, aos instintos e aos princípios, ajuda-nos a imergir nos detalhes, a encontrar distinções sutis entre as coisas, mas com o risco de nos perder no excesso dos sentimentos. Já o segundo, afeito a provas e demonstrações racionais, frequentemente nos cega para as coisas belas e para os afetos. O ser humano, contraditório por excelência, vive entre a fineza e o geômetra, entre a paixão e a razão, sendo que tanto o excesso quanto a falta de pensamento ou de emoção são deploráveis.

Em física, por exemplo, demonstram-se muitas coisas racionalmente; entretanto, os primeiros princípios, como o espaço, o tempo e o movimento, não possuem definições claras e precisas. Em medicina, somos capazes de maravilhas impensáveis para salvar vidas; mas os médicos são incapazes de obter uma definição precisa do que é a vida. Conceitos como tempo, espaço ou vida são apreendidos pelo coração, pela intuição, pela fineza, e não exatamente pela razão. Eis a ironia: toda ciência baseia-se, afinal, em sentimentos indemonstráveis, de modo que é legítimo supor que a compreensão do real se situa para além da própria razão: "Não há nada tão conforme à razão quanto o desmentido da razão [...] o último procedimento da razão é reconhecer que há uma infinidade de coisas que a sobrepujam", afirma Pascal. Em outras palavras, conhecemos muitas coisas, mas em todas as coisas que conhecemos há sempre uma parcela ainda maior de desconhecimento. E o universo, apesar de tudo, permanece silencioso: "o silêncio eterno desses espaços infinitos me desespera".

Tudo em nós, portanto, é trágico e contraditório, e os filósofos erram ao tentar construir um conhecimento unificado sobre o homem. Verdades contraditórias estão no cerne de nossa existência. Imagine, por exemplo, se o tempo e o espaço fossem eternos, sem qualquer fim; o fato de nada ter fim é bastante estranho, não acha? Mas imagine o contrário, isto é, que em algum canto do universo simplesmente o espaço acabe, ou que em algum momento da história simplesmente o tempo pare; igualmente estranho, não é? Diferentemente de Albert Camus, que vimos anteriormente, Pascal pensava que a morte e a vida são absurdas tanto se forem finitas quanto se forem infinitas.

Para Pascal, somente Deus preenche a impotência e a incapacidade humanas. Em sua visão, se aceitarmos a fé em Cristo, todas essas contradições tornam-se compreensíveis — Jesus, afinal, é Deus e homem, finito e infinito, isto é, expressão de nossa condição barroca, cheia de contrastes e assimetrias.

É preciso, por isso, conhecer a nós mesmos nessa expressão paradoxal e não nos distrair com convenções sociais, honrarias, bens materiais ou contendas filosóficas inúteis, tampouco cair no vazio do amor-próprio, que é sempre desmentido pela própria grandeza do universo. Como ocorre com o protagonista da música "Like a Stone", para Pascal, o homem deve ter coragem de olhar para seu abismo gigantesco e reconhecer que é mortal. Pascal assim nos dizia: "Toda a infelicidade dos homens provém de uma só coisa: de não saber ficar quieto num quarto". Não me parece coincidência que, na composição da canção, o inesquecível Chris Cornell, de forma pascaliana, tenha escolhido um "quarto cheio de vazio" para retratar esse momento de contemplação antes da morte.

QUANDO A MORTE SE TORNOU UM TABU

Os meus leitores não cristãos, provavelmente, discordarão das respostas que Pascal nos oferece para a angústia de nossa condição humana. Mas poucos de nós, religiosos ou não, somos capazes de negar que estamos de alguma maneira presos entre esses dois extremos: o nada e o infinito. Por que, entre todos os infinitos do tempo e do espaço, estou aqui e não lá? Por que esse tempo foi destinado a mim? Por que, repito a pergunta, o ser em vez do nada?

Todos esses problemas, perceba, originam-se da nossa própria finitude — se a minha existência se perpetuasse pelo infinito, essas questões não seriam pensadas. Por isso, retomamos agora a ideia central deste livro: a filosofia é filha da mortalidade. A nossa finitude molda nossos pensamentos e ações e, como falamos no primeiro capítulo deste livro, torna preciosos nossos amores e alegrias. Embora a morte esteja presente em toda a natureza (embora haja alguns organismos como as águas-vivas *Turritopsis dohrnii* que, até onde sabemos, são imortais), lidar mentalmente com ela é, salvo engano, uma tarefa apenas para humanos.

E pensar sobre nossa finitude não precisa ser um exercício triste ou deprimente. Pelo contrário, acredito que, se pensarmos na morte e mantivermos a consciência sobre a nossa própria finitude, aprenderemos a lidar melhor com os problemas de nossa própria existência.

Entretanto, nunca se ignorou tanto a morte quanto nos dias de hoje. O historiador Philippe Ariès, em *História da morte no Ocidente*, lembra-nos que, no passado, a morte era mais familiar, domesticada — falava-se mais sobre ela e, ao mesmo tempo, desde a infância, viam-se mais pessoas morrerem do que hoje, o que se relaciona com o próprio nível técnico-científico do período. Hoje, quando uma pessoa começa a morrer, imediatamente a trancamos no hospital, depois a isolamos permanentemente no cemitério. A morte foi banida da vida, tornou-se um tabu sobre o qual temos cada vez mais dificuldade de falar (neste momento, é irresistível sugerir a vocês a premiada animação de 2018 *Viva: a vida é uma festa*, dirigida por Lee Unkrich e Adrian Molina, que nos mostrará uma atitude diametralmente oposta a partir de uma tradição latino-americana que celebra, em vez de lamentar, a vida daqueles que não mais estão entre nós).

A esse respeito, Liev Tolstói afirmava que, em um contexto como o da atualidade, no qual estamos profundamente contaminados pela ideia de progresso, criamos a ilusão de que estamos sempre melhorando, sempre crescendo e sempre trabalhando sobre nós mesmos. Em nossa época, a busca pelo sucesso e aprimoramento pessoal é a regra; é como se a sociedade a todo momento nos dissesse: você ainda não está pronto! Você sempre pode mais! Por isso, a morte, uma interrupção repentina de nossos projetos e investimentos, parece mais absurda do que nunca. Talvez, contudo, o real absurdo seja conceber a vida dessa maneira.

O QUE ESPERAR APÓS A MORTE?

Pascal, um homem religioso, acredita que haja um "eu" que sobreviva à nossa morte. Assim, do ponto de vista do "verdadeiro eu", representado pela alma, não haveria um fim propriamente dito. Apenas o meu "eu ilusório", digamos, teria um fim. Também budistas e taoistas acreditam em uma permanência pósmorte independente de qualquer forma de ego, o qual seria sempre uma ilusão. Numa das mais belas passagens do Antigo Testamento, fala-se ainda sobre uma espécie de imortalidade daqueles que se dedicam a ensinar, sempre presentes em seus ensinamentos (confesso que é uma passagem que me toca, por eu ser professor e carregar o mesmo nome do profeta em questão): "Os mestres sábios, aqueles que ensinaram muitas pessoas a fazerem o que é certo, brilharão como as estrelas do céu, com um brilho que nunca se apagará" (Daniel, 12:3).

Nem todos, contudo, pensavam assim. No mundo antigo, Epicuro, numa perspectiva materialista, dizia: "A morte não nos diz respeito porque, enquanto existimos, a morte não está presente, e quando a morte está presente, nós já não existimos". Para o filósofo, toda a felicidade tinha origem nas boas sensações e toda a tristeza nas más sensações, sendo que a morte, definida como o fim das sensações, não seria boa nem má.

Dessa forma, se muitas religiões nos consolam da morte dizendo que continuaremos depois dela, para Epicuro a consolação reside precisamente no fato de que não sobreviveremos a ela e, portanto, não sofreremos mais. De fato, há muitas coisas que já ensinei em sala e hoje me arrependo, seja porque não concordo mais com determinada ideia ou interpretação, seja porque penso que não soube passá-la corretamente ou não dei o melhor dos exemplos. Às vezes, me consolo pensando que esses antigos alunos já se esqueceram de mim ou conheceram alguém que lhes ensinou mais corretamente. Nesse raciocínio, a morte pode ser um consolo nos mais variados aspectos.

O epicurista **Lucrécio (ca. 94 – 50 a.C.)** menciona que, assim como não nos lembramos de nada que ocorreu antes de nosso nascimento, não saberemos nada do que acontecerá depois de nossa morte: há, portanto, uma simetria entre o antes e o depois. Seguindo um raciocínio semelhante, Henry David Thoreau, numa bela formulação de seu livro *Walden*, definia o presente como "o cruzamento de duas eternidades, o passado e o futuro". Com efeito, por que nos assustamos com a eternidade *depois* de nós e pouco nos importamos com a eternidade *antes* de nós? É preciso, por isso, situar-se no tempo e habitar o tempo presente.

Em *Entretien d'un philosophe avec Madame la Maréchale de **** ("Entrevista de um filósofo com a Marechal de ***"), o pensador iluminista **Denis Diderot (1713-1784)**, partilhando da noção materialista, dizia: "Se é que podemos acreditar que veremos quando não tivermos mais olhos; que ouviremos quando não tivermos mais ouvidos; que pensaremos quando não tivermos mais cabeça; que sentiremos quando não tivermos mais coração; que existiremos quando não estivermos em parte alguma, que seremos algo sem extensão e sem lugar, então consinto [em que há algo além da matéria]". Em outras palavras, se o pensamento — e, portanto, toda a consciência — é produto do cérebro, não há motivos para existir algo após a decomposição de nossos órgãos. Pelos caminhos da arte, Gilberto Gil também se ocupou dessas questões em "Não tenho medo da morte":

Não tenho medo da morte
Mas sim medo de morrer
[...]

A morte já é depois
Já não haverá ninguém
Como eu aqui agora
Pensando sobre o além

Já não haverá o além
O além já será então
Não terei pé nem cabeça
Nem fígado, nem pulmão
Como poderei ter medo
Se não terei coração?
[...]

Um argumento forte contra a vida eterna é a ideia de que ela representaria uma continuação de nossos sofrimentos e uma acumulação de nossos ressentimentos — a morte, como fim do ego, representaria uma libertação. Imagine, por exemplo, reencontrar o vizinho barulhento ou aquele ex-namorado insistente para todo o sempre? Nesse ponto de vista, se tivéssemos vida eterna, seríamos como os Struldbrugs, personagens de *As viagens de Gulliver*, de Jonathan Swift, que vivem eternamente, mas continuam envelhecendo.

Contudo, esse argumento é problemático, pois pressupõe que, após esta vida, continuaremos repetindo padrões de comportamento que se relacionam à própria Terra. Assim como uma criança é incapaz de prever os sentimentos da vida adulta, a outra vida — para a maioria dos que acreditam nela — seria pautada por outras formas de ser que, para nós, são inimagináveis.

Agora, independentemente desses pensamentos, a simples ideia de que todo o universo continuará a existir sem nós, sem cessar, é mesmo assustadora. Tanto é que Diderot, em suas cartas amorosas, frequentemente questionava suas próprias noções materialistas e mostrava certa frustração por reduzir seu amor a um simples encontro de átomos.

Na história da filosofia, o estoico Sêneca é considerado um dos homens que mais nos ajudaram a pensar a questão da morte. (Curiosamente, ele teve uma morte célebre: acusado de participar de uma conspiração, foi condenado pelo imperador Nero a suicidar-se. Sêneca morreu numa banheira quente conversando com os amigos.) Num de seus momentos mais famosos, Sêneca enviou uma carta a uma mulher, Márcia, consolando-a pela morte do filho. Nela, afirma que a morte é parte da vida, é parte da natureza: sofrer não trará ninguém de volta. Seria desumano, claro, não chorar pela morte do filho; porém, entregar-se à melancolia ou revoltar-se contra isso seria tolice. Esse raciocínio faz parte do pensamento estoico como um todo: é preciso aceitar tudo aquilo que não podemos mudar. O tolo vê muitos funerais, vê muita gente morrendo e ainda acredita, mesmo sem perceber, que os outros é que são "azarados" e que isso nunca acontecerá a ele. O sábio tem consciência de que tudo o que possuímos é efêmero: nossos bens, nossos amigos e nossa vida. Por isso, segundo Sêneca, viver é aprender que tudo é passageiro, "é aprender a morrer", em suas palavras. O apego é uma tolice.

Em *Guerra nas Estrelas*, o Mestre Jedi Yoda — que é, aliás, uma mistura de filósofo estoico e sábio budista, embora alienígena, futurista e verde — busca ensinar ao jovem Anakin

Skywalker que a morte faz parte da vida e, por isso, ele deve aceitar a iminente morte de sua amada Padmé. Skywalker, entretanto, não aceita a morte de Padmé, e daí a origem de toda a sua corrupção e sofrimento, que acabam levando-o a tornar-se o terrível Darth Vader. Aliás, *"padmé"*, em sânscrito, significa lótus, a flor sagrada do Oriente, presente nas crenças do Antigo Egito, no hinduísmo e no budismo. A flor de lótus nasce no lodo, isto é, na escuridão e na impureza — bela e imaculada, ela ascende para a terra e, por isso, representa a purificação dos seres.

No livro *Sobre a brevidade da vida*, Sêneca lembra como a nossa vida é breve se comparada ao universo, independentemente de vivermos 7 ou 70 anos. A vida é um rápido empréstimo da natureza. Por isso sua defesa de que viver bem não é viver muito, mas viver de forma digna e virtuosa. A vida, lembrava o imperador romano e filósofo estoico **Marco Aurélio (121-180)**, é coisa frágil; inevitavelmente, todos nós, mesmo os imperadores, seremos esquecidos com o tempo, e não passaremos de um simples boato. Sendo o passado e o futuro totalmente alheios a nós, resta-nos viver no presente.

O filósofo judeu holandês **Baruch de Espinosa (1632-1677)** nos trará uma outra visão. Espinosa tornou-se conhecido por seu panteísmo: para ele, Deus não criou o mundo de forma independente e separada de Si; pelo contrário, tudo é parte necessária do ser infinito de Deus, e com ele se confunde. Daí a sua conhecida expressão: "Deus, isto é, a natureza".

Espinosa, assim, entende a essência da natureza como um esforço de preservar o próprio ser. Nós, as plantas, os outros animais, enfim, tudo que é vivo está sempre se esforçando para perpetuar a si próprio. É isso que estamos fazendo, por diferentes vias, ao trabalhar, ao nos divertir ou ao nos casar. Ora, se tudo na natureza esforça-se por perseverar na existência, o que explica a morte?

A morte, para Espinosa, tem causas sempre externas ao ser: uma doença, um vírus, um animal mais forte que nós, a gordura em nosso fígado, o oxigênio que nos oxida ou o cansaço do cérebro e do coração. Mesmo o suicídio teria causas externas: o homem que se mata faz frequentemente uma imagem falsa de si mesmo, acreditando ele próprio ser falso, triste ou perverso, de modo que o suicida não mataria a si, mas a seu "falso eu", criado pela sua imaginação ou pela sociedade. Nesse sentido, para evitar o suicídio, seria preciso conhecer-se a si mesmo e, assim, perceber que o verdadeiro "eu" sempre quer sobreviver.

A DIREÇÃO DA VIDA: UM PENSAMENTO SOBRE O ESGOTAMENTO DE SI

Para mim, o que nos move é nosso próprio esgotamento. Tentarei ser mais claro a esse respeito por meio de alguns pensamentos meus.

Qual é meu objetivo como professor? Que meus alunos não precisem mais de mim nessa posição e se tornem autônomos na busca pelo conhecimento. Meu objetivo é me tornar desnecessário como professor. Qual o objetivo último do médico? Após auxiliar na cura das dores de seu paciente, tornar-se também desnecessário, permitindo que o enfermo, então, tenha uma boa vida, caso seja jovem, ou uma morte tranquila, caso esteja em idade muito avançada. Qual o objetivo dos jornalistas? Após passar sua mensagem, tornar-se desnecessário para seu leitor, que será crítico por si próprio. Isso também poderia valer para um psicólogo ou para um pai em relação a seu filho.

Todas essas relações visam tornar-se desnecessárias, isto é, morrer como relação, esgotar-se em suas funções. Claro que, após o fim dessas atividades, o professor pode encontrar-se e conversar com seus alunos, o médico pode fazer algum tipo de acompanhamento de seus pacientes, o pai pode ser parceiro e continuar dando conselhos a seus filhos, e assim por diante. Mas, de qualquer forma, todos almejam a autonomia dos alunos, pacientes e filhos. A hierarquia, imprescindível por um período, deve dissolver-se com o tempo, torna-se desnecessária. Esse destino de todas as relações, mesmo que nem sempre se cumpra, é o seu sentido — se as relações são saudáveis, é para essa direção que elas tentam caminhar.

Há uma história oriental que nos fala sobre um monstro, Kirtimukha, que foi desafiado pelo deus Shiva a devorar a si próprio. O mostro, então, comeu o próprio corpo, iniciando pelo rabo e parando apenas quando restou sua face. Shiva, feliz com o resultado, chamou-o de Face da Glória, e ordenou que ele deveria estar (como acontece nos dias de hoje) na porta de seus templos.

A história desse monstro representa bem o que entendo como essência da vida: consumir-se para consumar-se. É preciso se conscientizar de que a própria vida é uma entrega de si, que sempre tem data de validade. São prejudiciais para o próximo todos aqueles que, negando essa verdade sobre a existência e viciados no poder que sua posição lhes confere, não querem tornar-se desnecessários — é o caso do professor que busca manter-se sempre portador de uma verdade obscura ou do líder político que se alimenta da ignorância do povo, em vez de auxiliá-lo na efetiva libertação. Essas pessoas, relutantes em reconhecer a mortalidade de si, de suas obras e de seus pensamentos, solidificam sua posição de poder na dependência do outro.

A ideia de que com o tempo nos tornamos desnecessários ao outro nos traz alegria e liberdade. Não por acaso, sentimo-nos bastante aliviados ao terminar um trabalho ou acabar com todos os potes de feijão da geladeira. Se eu almejasse condensar neste livro todas as verdades do mundo, certamente ficaria neurótico e nunca o terminaria. Este livro terá seu objetivo cumprido se o leitor, após seu término, incorporar o que desejar e pensar por si próprio — se o autor que escreve, enfim, tornar-se desnecessário. Não seria essa, afinal, a conclusão de nossa trajetória na Terra? Um esgotamento de si? "Não me venham com conclusões! A única conclusão é morrer" — Fernando Pessoa, claro, tinha razão.

***

Canto para minha morte — Raul Seixas e Paulo Coelho

Eu sei que determinada rua que eu já passei
Não tornará a ouvir o som dos meus passos.
Tem uma revista que eu guardo há muitos anos
E que nunca mais eu vou abrir.
Cada vez que eu me despeço de uma pessoa
Pode ser que essa pessoa esteja me vendo pela última vez.
A morte, surda, caminha ao meu lado
E eu não sei em que esquina ela vai me beijar.

Com que rosto ela virá?
Será que ela vai deixar eu acabar o que eu tenho que fazer?
[...]

Que meu corpo seja cremado
E que minhas cinzas alimentem a erva
E que a erva alimente outro homem como eu
Porque eu continuarei neste homem.
[...]
Eu te detesto e amo morte, morte, morte
Que talvez seja o segredo desta vida.
[...]

AGRADECIMENTOS

As ciências humanas, infelizmente, ainda mantêm a prática do trabalho e criação individuais, com poucas exceções. Creio que ganharíamos muito se aprendêssemos com nossos colegas das ciências da natureza a produzir mais livros e artigos coletivamente.

Apesar de carregar apenas minha assinatura, este livro não seria possível sem a ajuda de muitos amigos e colegas, que enriqueceram meu trabalho com leituras específicas de alguns capítulos, ou me auxiliaram por meio de conversas a respeito de algumas ideias.

De fato, escrever da forma mais clara possível, para um público fora da universidade e, ao mesmo tempo, não perder o rigor científico, é tarefa nada fácil. Por isso, sou imensamente grato aos amigos Valdir Veronesi, Robinson Bucci, William Oliveira, Mauro Oto, Rafael Verdaska, Paula Cortez, Marcelo Ricci, Arthur Hussne, Pedro Barros, Laura Rios, Juliana Frei Cunha, Gui de Franco e André Honor.

Não poderia deixar de agradecer também a toda a equipe do Se Liga Nessa História, em especial ao professor Walter Solla, meu colega de Universidade de São Paulo, e ao diretor executivo Ary Neto, que me sugeriu, inclusive, a reflexão sobre o tema da morte, gancho deste livro.

Gostaria ainda de agradecer ao dedicado e minucioso trabalho da HarperCollins, especialmente à gerente editorial Renata Sturm e à editora Diana Szylit.

Por fim, agradeço aos meus pais, Renato Gomes e Maria Cristina Gomes, ambos professores, por me ensinarem que o conhecimento é a melhor de todas as heranças.

REFERÊNCIAS BIBLIOGRÁFICAS

LIVROS E ARTIGOS

A DECLARAÇÃO DE INDEPENDÊNCIA DOS ESTADOS UNIDOS DA AMÉRICA. Disponível em: <www.uel.br/pessoal/jneto/gradua/historia/recdida/declaraindepeEUAHISJNeto.pdf>. Acesso em: 8 jan. 2020.

ADORNO, Theodor W. *A educação após Auschwitz*. Disponível em: <www.marxists.org/portugues/adorno/ano/mes/educa.htm>. Acesso em: 8 jan. 2020.

_____; HORKHEIMER, Max. *Dialética do esclarecimento*. Rio de Janeiro: Zahar, 1985.

ARENDT, Hannah. *Eichmann em Jerusalém*. São Paulo: Companhia das Letras, 1999.

_____. *Origens do totalitarismo*. São Paulo: Companhia de Bolso, 2013.

ARIÈS, Philippe. *História da morte no Ocidente*. Rio de Janeiro: Ediouro, 2003.

_____. *História social da criança e da família*. 2ª ed. São Paulo: LTC, 1981.

ARISTÓTELES. *Metafísica*. 2ª ed. São Paulo: Edipro, 2012.

_____. *Poética*. São Paulo: Editora 34, 2015.

BADINTER, Elisabeth. *Um amor conquistado*. O mito do amor materno. Rio de Janeiro: Nova Fronteira, 2009.

BAUMAN, Zygmunt. *Amor líquido*. Sobre a fragilidade dos laços humanos. Rio de Janeiro: Zahar, 2004.

_____. *Modernidade líquida*. Rio de Janeiro: Zahar, 2001.

BEAUVOIR, Simone de. *O segundo sexo*. Rio de Janeiro: Nova Fronteira, 2019.

BENJAMIN, Walter. *A obra de arte na era de sua reprodutibilidade técnica*. Porto Alegre: L&PM, 2018.

_____. *Sobre arte, técnica, linguagem e política*. Lisboa: Relógio D'Água, 2012.

BORGES, Jorge L. *O Aleph*. São Paulo: Companhia das Letras, 2008.

BORGES, Maria de L. *Amor*. Rio de Janeiro: Zahar, 2004.

BURKE, Edmund. *Reflexões sobre a revolução na França*. Campinas: Vide, 2017.

CAILLÉ, Alain. *Critique de la raison utilitaire*. Manifeste du Mauss. Paris, França: Editions La Découverte, 2007.

CAMPBELL, Joseph. *O poder do mito*. 30ª ed. São Paulo: Palas Athena, 2014.

CAMUS, Albert. *O estrangeiro*. 128ª ed. Rio de Janeiro: Record, 1979.

_____. *O mito de Sísifo*. Rio de Janeiro: Best Seller, 2010.

CARVALHO, Daniel Gomes de. *O pensamento radical de Thomas Paine (1793-1797)*: artífice e obra da Revolução Francesa. São Paulo: Faculdade de Filosofia, Letras e Ciências Humanas, Universidade de São Paulo, 2017. Tese de Doutorado em História Social.

CÍCERO. *Os três livros de Cícero sobre as obrigações civis traduzidos em língua portuguesa*. Reino Unido: A Biblioteca Britânica, 1852.

CIORAN, Emil. *Silogismos da amargura*. Rio de Janeiro: Rocco, 2011.

COMTE-SPONVILLE, André. *Uma educação filosófica*. São Paulo: Martins Fontes, 2001.

CRISTELLI, Paulo. *J. R. R. Tolkien e a crítica à modernidade*. São Paulo: Alameda, 2013.

DECLARAÇÃO DE DIREITOS DO HOMEM E DO CIDADÃO. 1789. Disponível em: <www.direitoshumanos.usp.br/index.php/ Documentos-anteriores-%C3%A0-cria%C3%A7%C3%A3o-da-Sociedade-das-Na%C3%A7%C3%B5es-at%C3%A9-1919/ declaracao-de-direitos-do-homem-e-do-cidadao-1789.html>. Acesso em: 8 jan. 2020.

DESCARTES, René. *As paixões da alma*. São Paulo: Martins Fontes, 1998.

_____. *Discurso sobre o método*. 2ª ed. Petrópolis: Editora Vozes, 2011.

DEUTSCHER, Isaac. *Trótski*. O profeta armado. Rio de Janeiro: Civilização Brasileira, 2005.

DICKENS, Charles. *Tempos difíceis*. São Paulo: Boitempo, 2014.

DIDEROT, Denis. *Entretien d'un philosophe avec la Maréchale de ****. Scotts Valley, Estados Unidos: CreateSpace Independent Publishing Platform, 2016.

DOSTOIÉVSKI, Fiódor. *Os irmãos Karamázov*. São Paulo: Editora 34, 2019.

EPICURO DE SAMOS. *Carta sobre a felicidade*. 3ª ed. São Paulo: Editora UNESP, 1999.

FEARN, Nicholas. *Aprendendo a filosofar em 25 lições*. Do poço de Tales à desconstrução de Derrida. Rio de Janeiro: Zahar, 2004.

FEITOSA, Charles. *Explicando a Filosofia com Arte*. Rio de Janeiro: Ediouro, 2013.

FERRY, Luc. *A revolução do amor*. Rio de Janeiro: Objetiva, 2012.

_____. *Kant*. Uma leitura das três "críticas". Rio de Janeiro: Bertrand Brasil, 2009.

FLORENZANO, Modesto. Burke: "a man for all seasons". *Rev. Bras. de Hist.*, São Paulo, v. 17, n. 33, p. 32-69, 1997.

FONER, Philip. *The complete writings of Thomas Paine*. Nova York: The Citadel Press, 1945.

FORTES, Luiz R. S. *O Iluminismo e os reis filósofos*. São Paulo: Brasiliense, 1993.

FROMM, Erich. *Arte de amar*. 2ª ed. São Paulo: Martins Fontes, 2015.

GIACOIA Jr., Oswaldo. *Heidegger urgente*. São Paulo: Três Estrelas, 2013.

GRAVER, Lawrence; FEDERMAN, Raymond (org.). *Samuel Beckett*: the critical heritage. Psychology Press, 1997

HARARI, Yuval Noah. *Sapiens*. Uma breve história da humanidade. Porto Alegre: L&PM, 2015.

HOBBES, Thomas. *Leviatã: ou matéria, forma e poder de um Estado eclesiástico e civil*. São Paulo: Edipro, 2015.

HOBSBAWM, Eric. *Era dos extremos*. São Paulo: Companhia das Letras, 1995.

HUME, David. *Tratado da natureza humana*. Uma tentativa de introduzir o método experimental de raciocínio nos assuntos morais. 2ª ed. São Paulo: Editora Unesp, 2009.

INRIG, Gary. *Hearts of iron, feet of clay*. Practical and contemporary lessons from the book of judges. Lancashire (Reino Unido): Discovery House, 2015.

JACOBY, Henry (org.). *A Guerra dos Tronos e a Filosofia*. São Paulo: Best Seller, 2012.

JUNG, Carl G. *O homem e seus símbolos*. 2ª ed. Rio de Janeiro: HarperCollins, 2016.

JUNQUEIRA, Mary A. *Estados Unidos*. Estado nacional e narrativa da nação (1776-1900). 2ª ed. São Paulo: EDUSP, 2018.

KANT, Immanuel. *Crítica da razão prática*. Petrópolis: Editora Vozes, 2016.

_____. *Crítica da razão pura*. Petrópolis: Editora Vozes, 2015.

_____. *O que é esclarecimento?* Rio de Janeiro: Via Verita, 2013.

KOEPSELL, David; ARP, Robert. *Breaking Bad and Philosophy*. Badder living through chemistry. Chicago: Open Court Publishing Company, 2012.

LEWIS, C. S. *As crônicas de Nárnia*. 2ª ed. São Paulo: WMF Martins Fontes, 2009.

LOCKE, John. *Carta sobre a tolerância*. Belo Horizonte: Autêntica, 2019.

_____. *Two treatises of government* [1824]. Londres: Everyman Paperback Classics, 1993.

LÖWY, Michael. *O que é o ecossocialismo?*. São Paulo: Cortez, 2014.

_____; SAYRE, Robert. *Revolta e melancolia*. O Romantismo na contracorrente da Modernidade. São Paulo: Boitempo, 2015.

LUTERO, Martinho. *Il servo arbitrio* [1525]. Risposta a Erasmo. Roma: Claudiana, 2017.

MAGHERINI, Graziella. *La sindrome di Stendhal*. Florença: Ponte alle grazie, 1989.

MAQUIAVEL, Nicolau. *A mandrágora*. São Paulo: Peixoto Neto, 2004.

_____. *Comentários sobre a primeira década de Tito Lívio*. 5ª ed. Brasília: Editora UnB, 2008.

_____. *História de Florença*. São Paulo: Martins Fontes, 2007.

_____. *O príncipe*. São Paulo: Penguin, 2010.

_____. *A arte da guerra*. Porto Alegre: L&PM, 2008.

MARCONDES, Danilo. *Iniciação à história da filosofia*. Dos pré--socráticos a Wittgenstein. Rio de Janeiro: Zahar, 1997.

MARTIN, George R. R. *As crônicas de gelo e fogo*. Rio de Janeiro: Leya, 2014. (Box)

MATOS, Olgária. *A escola de Frankfurt*. Luzes e sombras do Iluminismo. 2ª ed. São Paulo: Moderna, 2006.

MAY, Todd. *Death*. Abingdon: Routledge, 2009.

MONTAIGNE. *Os ensaios*. São Paulo: Companhia das Letras, 2010.

MONTEIRO LOBATO. *Memórias da Emília*. Rio de Janeiro: Globinho, 2016.

MORE, Thomas. *Utopia*. Belo Horizonte: Autêntica, 2017.

NAGEL, Thomas. *Uma breve introdução à filosofia*. São Paulo: WMF Martins Fontes, 2011.

_____. Como é ser um morcego? *Cad. Hist. Fil. Ci.*, Campinas, série 3, v. 15, n. 1, p. 245-262, jan.-jun., 2005. Disponível em: <https://www.cle.unicamp.br/eprints/index.php/cadernos/article/view/617/495>. Acesso em: 9 jan. 2020.

NIETZSCHE, Friedrich. *A gaia ciência*. São Paulo: Companhia de Bolso, 2012.

_____. *Além do bem e do mal*. São Paulo: Companhia das Letras, 2005.

_____. *Assim falava Zaratustra*. 2ª ed. Rio de Janeiro Nova Fronteira, 2017.

_____. *Ecce homo*. São Paulo: Companhia de Bolso, 2008.

_____. *Grandes obras de Nietzsche*. Rio de Janeiro: Nova Fronteira, 2016.

_____. *O anticristo e Ditirambos de Dionísio*. São Paulo: Companhia das Letras, 2016.

_____. *O nascimento da tragédia*. São Paulo: Companhia de Bolso, 2007.

_____. *Segunda consideração intempestiva*. Da utilidade e desvantagem da história para a vida. Rio de Janeiro: Relume Dumará, 2014.

OLIVA, Luís C. *A existência e a morte*. São Paulo: WMF Martins Fontes, 2012.

ORWELL, George. *O que é fascismo?*. São Paulo: Companhia das Letras, 2017.

PAINE, Thomas. *The age of reason*. Scotts Valley, Estados Unidos: CreateSpace Independent Publishing Platform, 2015.

_____. *The theological works of Thomas Paine*. Reino Unido: Watson, 1848.

PANOFSKY, Erwin. *Renascimento e renascimentos na arte ocidental*. Lisboa: Presença, 1981.

PASCAL, Blaise. *Pensamentos*. São Paulo: WMF Martins Fontes, 2005.

PECORARO, Rossano. *Niilismo*. Rio de Janeiro: Zahar, 2007.

PESSOA, Fernando. *ABC de Fernando Pessoa*. Rio de Janeiro: Leya, 2016.

PLATÃO. *O banquete*. São Paulo: Edipro, 2017.

_____. *Apologia de Sócrates*. São Paulo: Edipro, 2019.

PONDÉ, Luiz F. *Conhecimento na desgraça*. Ensaio de epistemologia pascalina. São Paulo: EDUSP, 2004.

QUINTANA, Mário. *Caderno H*. São Paulo: Alfaguara, 2013.

RAND, Ayn. *A virtude do egoísmo*. Porto Alegre: Ortiz, 1991.

REALE, Giovanni; ANTISERI, Dario. *História da Filosofia*. De Spinoza a Kant. São Paulo: Paulus Editora, 2004.

_____. *História da Filosofia*. Do Humanismo a Descartes. São Paulo: Paulus Editora, 2004.

ROBESPIERRE, Maximilien de. *Discursos e relatórios na convenção*. Rio de Janeiro: EDUERJ, 1999.

ROSENFELD, Sophia. *Common sense*. A political History. Cambridge, Estados Unidos: Harvard University Press, 2011.

ROSENFIELD, Kathrin H. *Estética*. Rio de Janeiro: Zahar, 2006.

ROUSSEAU, Jean-Jacques. *Discurso sobre a origem e os fundamentos da desigualdade entre os homens*. 2ª ed. Porto Alegre: L&PM, 2008.

_____. *Do contrato social*. São Paulo: Companhia das Letras, 2011.

SALT, Henry S. *Animals' rights*. Considered in relation to social progress. Londres (Reino Unido): George Bell & Sons, 1892.

SANTO AGOSTINHO. *Confissões*. 26ª ed. Petrópolis: Editora Vozes, 2011.

SARTRE, Jean-Paul. *Existencialismo é um humanismo*. 3ª ed. Petrópolis: Editora Vozes, 2012.

SCHILLER, Friedrich V. *Die jungfrau von orleans* [The Maid of Orleans, 1801]. Disponível em: <www.gutenberg.org/files/6792/6792-h/6792-h.htm>. Acesso em: 8 jan. 2020.

SCHOPENHAUER, Arthur. *O mundo como vontade e representação*. Rio de Janeiro: Contraponto, 2001.

_____. *The essays of Arthur Schopenhauer*. Studies in pessimism. Scotts Valley, Estados Unidos: CreateSpace Independent Publishing Platform, 2015.

SÊNECA. *Sobre a brevidade da vida*. São Paulo: Penguin, 2017.

SHAKESPEARE, William. *A tempestade*. Rio de Janeiro: Nova Fronteira, 2018.

STENDHAL. *Rome, Naples and Florence*. A journey from Milan to Reggio. Londres: Calder, 1959.

STEWART, John. *The revelation of nature, with the prophesy of reason*. Farmington Hills, Estados Unidos: Gale ECCO, 2010.

STONE, Lawrence. *Causas da Revolução Inglesa*. São Paulo: EDUSC, 2000.

SWIFT, Jonathan. *Viagens de Gulliver*. São Paulo: Penguin, 2010.

THOMPSON, E. P. *Costumes em comum*. São Paulo: Companhia das Letras, 1998.

THOREAU, Henry D. *Walden*. Porto Alegre: L&PM, 2010.

TOCQUEVILLE, Alexis de. *Da democracia na América*. Campinas: Vide, 2019.

_____. *O Antigo Regime e a revolução*. 2ª ed. São Paulo: WMF Martins Fontes, 2016.

TOLKIEN, J. R. R. *O Hobbit*. Rio de Janeiro: HarperCollins, 2019.

_____. *O Senhor dos Anéis*. As duas torres. Rio de Janeiro: HarperCollins, 2019.

_____. *O Silmarillion*. Rio de Janeiro: HarperCollins, 2019.

TZE, Lao. *Tao Te Ching*. Scotts Valley, Estados Unidos: CreateSpace Independent Publishing Platform, 2017.

WEBER, Max. *A ética protestante e o "espírito" do capitalismo*. São Paulo: Companhia das Letras, 2004.

_____. *A Ciência e a Política como ofício e vocação*. Lisboa: Relógio D'Água, 2017.

YATES, Frances. *Giordano Bruno e a tradição hermética*. São Paulo: Cultrix, 1995.

ZELIZER, Viviana A. *Pricing the priceless child* [Precificando a criança inestimável]. The changing social value of children. Princeton: Princeton University Press, 1994.

ŽIŽEK, Slavoj. *As piadas de Žižek*. São Paulo: Três Estrelas, 2014.

MÚSICAS

AUDIOSLAVE. *Like a Stone*. Los Angeles: Epic Records, 2003. CD single (4:54).

CAZUZA; FREJAT. *Blues da piedade*. São Paulo: Philips Records, 1988. Disco de vinil (4:15).

_____. *Todo amor que houver nessa vida*. Embu das Artes: Opus Columbia, 1982. Disco de vinil (2:15).

CHICO BUARQUE. *Dueto*. São Paulo: Philips Records, 1980. Disco de vinil (3:49).

CHICO CÉSAR. *Deus me proteja*. São Paulo: EMI Brasil, 2008. Álbum de estúdio (4:53).

FERNANDO BRANT; MILTON NASCIMENTO. *Encontros e despedidas*. Rio de Janeiro: CBS, 1981. Disco de vinil (3:22).

GILBERTO GIL. *Não tenho medo da morte*. São Paulo: Warner Music, 2008. Álbum de estúdio (4:00).

LUIZ MELODIA. *Congênito*. Rio de Janeiro: Som Livre, 1972. Disco de vinil (3:32).

O RAPPA. *Rodo cotidiano*. São Paulo: Warner Music, 2003. Álbum de estúdio (6:13).

PENINHA. *Sonhos*. São Paulo: Universal Music, 1972. Disco de vinil (4:43).

RAUL SEIXAS. *Canto para minha morte*. São Paulo: Philips Records, 1976. Disco de vinil (3:52).

RENATO RUSSO; DADO VILLA-LOBOS; MARCELO BONFÁ. *Pais e filhos*. São Paulo: EMI Brasil, 1989. Disco de vinil (5:08).

RODRIGO AMARANTE. *Condicional*. São Paulo: Sony BMG, 2005. Álbum de estúdio (3:28).

FILMES E SÉRIES

ANNIE Hall (Noivo neurótico, noiva nervosa). Direção de Woody Allen. Los Angeles: Jack Rollins & Charles H. Joffe Productions, 1977. (93 min.)

BREAKING Bad [Seriado]. Criador: Vince Gilligan. Santa Mônica: High Bridge Productions, 2008-2013. (49 min.)

COCO (Viva: a vida é uma festa). Direção de Lee Unkrich. Burbank: Walt Disney Pictures, 2017. (105 min.)

GAME of thrones [Seriado]. Criadores: David Benioff, D.B. Weiss. Nova York: Home Box Office, 2011-2019. (57 min.)

INCEPTION (A origem). Direção de Christopher Nolan. Burbank: Warner Bros, 2010. (148 min.)

INTO the wild (Na natureza selvagem). Direção de Sean Penn. Los Angeles: Paramount Vantage, 2007. (148 min.)

JAWS (Tubarão). Direção de Steven Spielberg. Universal City: Zanuck/ Brown Productions, 1975. (124 min.)

MEMENTO (Amnésia). Direção de Christopher Nolan. Los Angeles: Newmarket Capital Group, 2000. (113 min.)

MERLÍ [Seriado]. Criador: Héctor Lozano. Barcelona: Nova Veranda, 2015-2018. (58 min.)

RICK and Morty [Seriado]. Criadores: Dan Harmon, Justin Roiland. Beverly Hills: Harmonious Claptrap, 2013-. (23 min.)

SPARTACUS [Seriado]. Criador: Steven S. DeKnight. Santa Mônica: Tapert / Donen / Raimi; Starz!, 2010-2013. (55 min.)

STAR Wars (Guerra nas Estrelas, Franquia). Direção de George Lucas. São Francisco: Lucasfilm.

THE good place (O bom lugar) [Seriado]. Criador: Michael Schur. Los Angeles: Fremulon, 2016-. (22 min.)

THE man who fell to Earth (O homem que caiu na Terra). Direção de Nicolas Roeg. Londres: British Lion Film Corporation, 1976. (139 min.)

THE pervert's guide to ideology (Guia pervertido da ideologia). Direção de Sophie Fiennes. Dublin: Blinder Films, 2012. (136 min.)

TITANIC (Titanic). Direção de James Cameron. Los Angeles: Twentieth Century Fox, 1997. (194 min.)

UNDERGÅNGENS arkitektur (Arquitetura da destruição). Direção de Peter Cohen. Suécia: Poj Filmproduktion AB, 1989. (119 min.)

WHY beauty matters. Direção de Roger Scruton. Londres: British Broadcasting Corporation, 2009. (59 min.)

IMAGENS DA CAPA

Hobbes:
William Humphrys/
Wellcome Collection

Epicuro:
The Metropolitan
Museum of Art

Espinosa:
Herzog Aug ust Bibliothek
http://diglib.hab.de/gemaelde/b-117/
start.htm?image=b-117-r

Hegel:
Jakob Schlesinger/
Wikimedia Commons

Aristóteles:
Jastrow/Wikimedia
Commons

Simone de Beauvoir:
Liu Dong'ao/
Wikimedia Commons

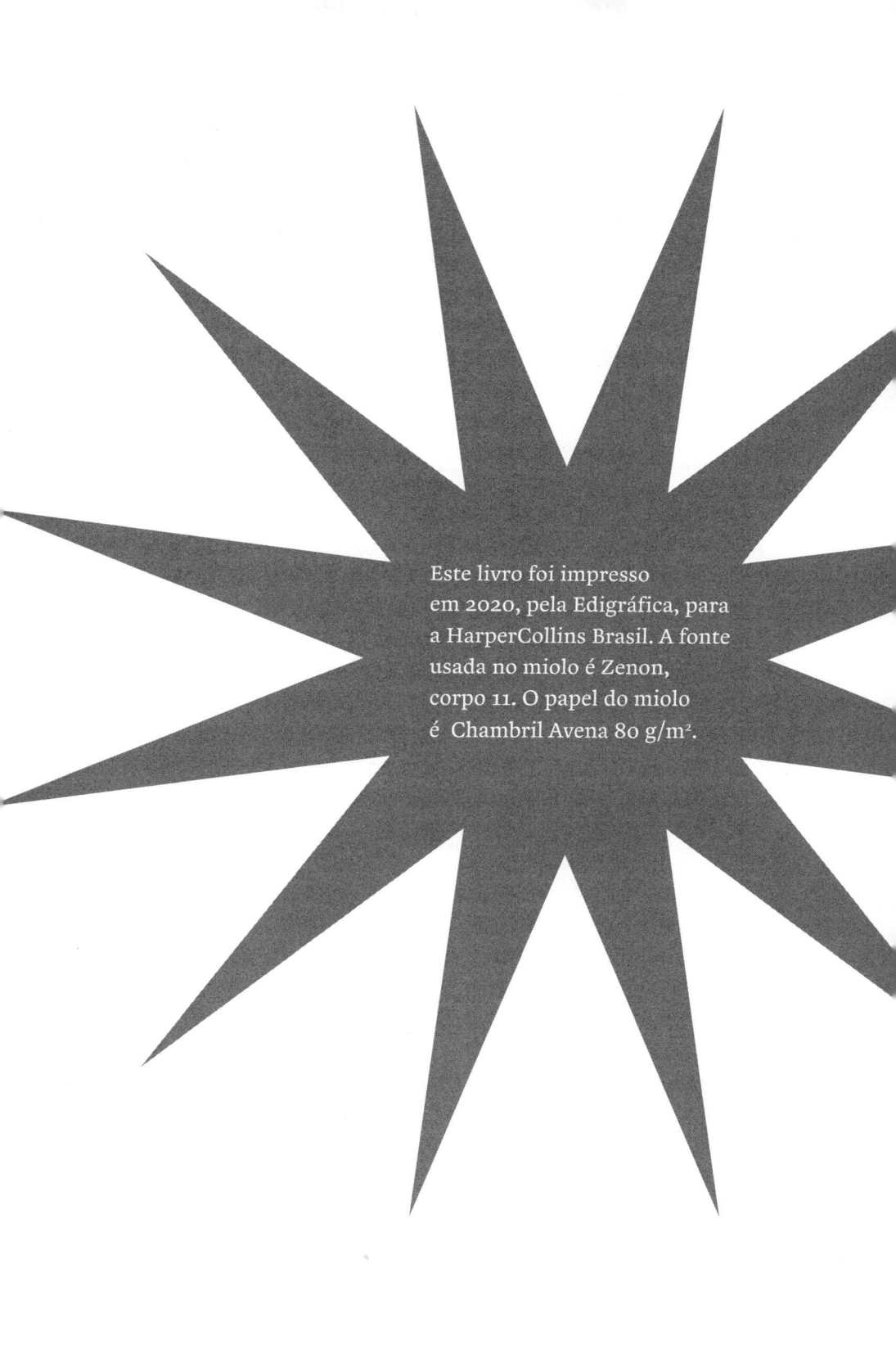

Este livro foi impresso
em 2020, pela Edigráfica, para
a HarperCollins Brasil. A fonte
usada no miolo é Zenon,
corpo 11. O papel do miolo
é Chambril Avena 80 g/m².

DADOS INTERNACIONAIS DE CATALOGAÇÃO NA PUBLICAÇÃO (CIP)
ANGÉLICA ILACQUA CRB-8/7057

C321f

    Carvalho, Daniel Gomes de

        Filosofia para mortais : pensar bem para viver bem / Daniel Gomes de Carvalho. — Rio de Janeiro : HarperCollins Brasil, 2020.

        224 p.

    ISBN 978-85-9508-685-2

    1. Filosofia 2. História I. Título.

20-1134   CDD 100
                           CDU 1